Função Estética da Luz

Coleção Estudos
Dirigida por J. Guinsburg

Equipe de realização – Edição de Texto: Marcia Abreu; Revisão: Iracema A. Oliveira; Ilustrações: Douglas Soares; Sobrecapa: Sergio Kon; Produção: Ricardo W. Neves, Sergio Kon, Elen Durando e Luiz Henrique Soares.

Roberto Gill Camargo

FUNÇÃO ESTÉTICA DA LUZ

 PERSPECTIVA

2ª EDIÇÃO REVISTA E AMPLIADA

CIP-Brasil. Catalogação-na-Fonte
Sindicato Nacional dos Editores de Livros, RJ

C175f

Camargo, Roberto Gill, 1951
    Função estética da luz/ Roberto Gill Camargo. – [2. ed.]
São Paulo : Perspectiva, 2012.
    (Estudos ; 307)

    Inclui bibliografia
    ISBN 978-85-273-0964-6

    1. Iluminação. 2. Iluminação de cena. 3. Iluminação (Arquitetura e decoração). 4. Teatros – Cenografia e cenários. I. Título.
II. Série.

12-7065.   CDD: 792.025
             CDU: 792.022

28.09.12   16.10.12   039515

[PPD]

Direitos reservados à
EDITORA PERSPECTIVA LTDA.

Av. Brigadeiro Luís Antônio, 3025
01401-000 São Paulo SP Brasil
Telefax: (011) 3885-8388
www.editoraperspectiva.com.br

2019

Sumário

Prefácio à Primeira Edição – *Alberto Guzik* xi

Apresentação xv

1. LUZ E ILUMINAÇÃO. 1

    Luz nos Primórdios do Teatro 1

    Luz no Teatro Medieval. 5

    Luz nos Teatros Fechados 7

    Luz a Gás. 13

    Iluminação Elétrica 17

    Interesse Pelo Estudo da Iluminação. 23

    Livros Sobre Iluminação Cênica 25

2. LUZ E CRIAÇÃO 39

    A Cena nas Três Dimensões: Appia. 39

    O Teatro Total de Craig. 42

    Surto Renovador na Rússia. 44

Transições Para o Expressionismo. 45

Luz no Expressionismo 48

Brecht e a Claridade Intensa. 49

Grotowski e a Luz Sem Artifícios 51

A Luz na Concepção de Artaud. 52

A Radiação da Luz na Cena de Edmond Jones 53

A Experiência de Joseph Svoboda 54

A Dança da Luz Com Loïe Fuller 56

Referências da Luz na Dança Moderna 58

A Luz no Teatro de Kantor e Chéreau. 60

Luz Natural e Artificial na Cartoucherie 61

Recorte e Sombra na Cena de Strehler 62

A Luz Para os Diretores do Cartel 63

A Luz no Teatro de Robert Wilson 65

Luz e Movimento 68

A Eloquência da Luz no Teatro de Gerald Thomas. . . 68

A Luz no Discurso Narrativo 70

Luz na Era Digital 76

3. LUZ E REPRESENTAÇÃO. 79

A Analogia Com a Realidade. 83

Analogia Seguindo Convenções de Época 86

A Representação e Sua Lógica 87

Luz, Contexto e Vínculo com a Realidade 92

Luz Imitando ou Sugerindo a Realidade. 94

4. LUZ E ATMOSFERA. 97

Fatores Que Intervêm na Luz Atmosférica. 101

5. LUZ E EXPRESSÃO. 113

Que Significa "Expressivo"? 116

Expressionismo e Repercussões. 118

Alguns Recursos Expressivos 119

6. LUZ E ESPAÇO 123

    A Dinâmica das Linhas de Força 130
    As Linhas de Força e a Luz 134
    Relação Entre Luz e Cena 136

7. LUZ E TEMPO 145

    Tempo Cênico e Tempo Dramático 145
    A Luz e o Tempo Cênico 146
    A Luz de Ver o Tempo 149
    A Experiência Com Tempo Real 153
    A Luz e o Tempo Dramático 155

Luz, Assim Como "Câmera, Ação!" – *Gerald Thomas* 165

Bibliografia 169

Prefácio à Primeira Edição

Caso o leitor que começa a percorrer as páginas deste volume conheça razoavelmente as relações entre o palco local e o mercado editorial, saberá por certo que a biblioteca técnica do teatro brasileiro não é das melhores. E terá certeza, também, de que essa afirmação não passa de vasto eufemismo a mascarar a indigência.

Estamos mais ou menos servidos no que diz respeito à interpretação ou à direção. Contamos aí com a tradução de alguns livros importantes, como obras de Stanislávski, ou de Dario Fo sobre o trabalho do ator, os escritos teóricos de Brecht, os textos de Peter Brook a respeito da encenação. E no Brasil ampliou-se o número de obras que abordam esses aspectos do trabalho teatral.

Mas no terreno das técnicas de montagem a carência de obras confiáveis é alarmante. Posto que a tradição editorial tupiniquim nem basta para preservar a dramaturgia, que dizer de searas como a cenografia, o figurino, a maquiagem, a cenotecnia, a iluminação? Setores que em outros países recebem ampla atenção de editoras especializadas, aqui nem mesmo têm sua história e desenvolvimento registrados.

Função Estética da Luz, do diretor, dramaturgo e iluminador sorocabano Roberto Gill Camargo, vem provar que a falta de trabalhos sérios, abrangentes e competentes nas prateleiras teatrais das livrarias (quando as há, prateleiras e livrarias) não ocorre por falta de pessoal abalizado a produzi-los. Bem ao contrário. Apesar de seu título um tanto acadêmico e restritivo, o livro de Camargo é bem mais que uma reflexão sobre o problema estético da luz em cena. A obra em que o leitor vai se embrenhar é na verdade uma reunião de temas afins, pois engloba o aspecto tanto teórico quanto prático do emprego da luz teatral.

Camargo dá início ao seu percurso nos primórdios do teatro ocidental, buscando nas fontes históricas informações sobre a forma de iluminação nos espetáculos. Vai da luz solar, usada desde os gregos até os elisabetanos, para chegar às diferentes fontes de luz empregadas a partir de meados do século XVI, quando o teatro enfurnou-se pela primeira vez em salas fechadas. As velas, o gás e a eletricidade são observados pelo autor como fontes de luz que determinam o espetáculo, estabelecem limites e oferecem riscos. O texto detém-se sobre os principais pensadores da luz nos teatros moderno e contemporâneo, entre eles o suíço Adolphe Appia, o inglês Edward Gordon Craig e o importante e pouco conhecido norte-americano Robert Edmond Jones.

O livro de Roberto Gill Camargo não se filia a nenhuma escola; o ensaísta não está preocupado com a preponderância de um movimento teatral sobre os demais. Em vez de selecionar uma certa linha de iluminação como "a" linha, acolhe todos os estilos e preocupa-se em examinar e descrever suas características, suas formas de funcionamento. "A iluminação obedece a uma lógica", afirma em dado momento do capítulo "Luz e Realidade". É essa lógica que procura dissecar, tomando não só o teatro como a pintura para entender o mecanismo e o funcionamento da luz. As necessidades de uma montagem realista, por oposição às de uma encenação expressionista, por exemplo, são postas no papel de forma abrangente e clara.

Além de conter uma história da luz no teatro, traçada de modo bem articulado, *Função Estética da Luz* apresenta também um quadro detalhado do seu emprego prático. O estudo, nesse caso, vai do exame das características dos equipamentos mais recentes até a observação de seu uso. Considerações sobre as funções atuais da iluminação, que tem a mesma importância da cenografia na definição visual de uma montagem, são feitas por Camargo com extrema clareza.

Em lugar de uma linguagem semiótica ou carregada de termos técnicos, ele prefere escrever com objetividade, usando palavras que os leitores comuns podem entender. Este volume coloca ao nosso alcance desde os efeitos que devem ser obtidos em tais ou quais circunstâncias, até a elaboração do desenho da luz em um espetáculo, a angulação e afinamento de refletores, a operação de mesas. O leitor que trabalha com iluminação teatral encontrará neste livro um diálogo que amplia horizontes, pois Camargo insiste, ao longo de todo o caminho, em transmitir sua percepção estética do uso da luz e as consequências que o emprego de cada recurso pode ter no conjunto do espetáculo. Registra questões tão específicas quanto, por exemplo, o emprego da luz em palcos altos e estreitos, ou largos e baixos.

Para o leitor não especializado, *Função Estética da Luz* propicia um panorama amplo, que permite não apenas a melhor compreensão da montagem teatral como também faz pensar nos caminhos que o teatro tem trilhado, vindo do remoto passado e projetando-se para o futuro. O livro de Camargo é talvez a mais completa obra sobre o assunto já publicada no Brasil.

Alberto Guzik (1944-2010)*

---

* Ator, encenador, um dos fundadores e diretor pedagógico da SP Escola de Teatro, foi professor da EAD, do Departamento de Teatro da ECA-USP e do Macunaíma; crítico, do *Jornal da Tarde*, e ensaísta, tendo escrito, entre outros, *TBC: Crônica de um Sonho* (Perspectiva, 1986) e *Paulo Autran: Um Homem no Palco* (Boitempo,1998), vencedor do Jabuti. Como dramaturgo, destacam-se suas peças *Errado, Um Deus Cruel* e *Risco de Vida*. Seus principais livros de ficção são o romance *Risco de Vida* e o livro de contos *O Que É Ser Rio, e Correr?*

Apresentação

Esta nova edição de *Função Estética da Luz*, publicada inicialmente em 2000, é uma versão atualizada e ampliada. O que há de diferente da versão original é que foram suprimidas as considerações de ordem técnica, para atender às expectativas do título, priorizando o aspecto conceitual da luz e sua aplicabilidade para fins estéticos no teatro.

Este livro não é um manual técnico de iluminação cênica nem pretenderia ser. Há centenas de livros publicados, principalmente em língua inglesa, que falam exatamente sobre os aspectos técnicos da iluminação cênica, com descrição de instrumentos, tipos de lâmpadas, modelos de projeto e planos de luz.

A intenção deste trabalho é analisar a evolução histórica da luz no teatro e os seus processos de criação, como meio de representação, de interferência e de expressão da realidade.

Portanto, não se espere desta obra um apanhado de fórmulas e esquemas de iluminação que podem ou não dar certo. Ao contrário, a intenção é apresentar as transformações do conceito que a luz foi adquirindo no teatro e na dança, ao longo dos tempos e por meio da experiência de mestres, teóricos, diretores e coreógrafos que constituem referência no teatro e na dança.

No primeiro capítulo, "Luz e Iluminação", vamos aos primórdios do teatro, desde a luz natural dos gregos até a Idade Média, período em que o teatro passou a ser realizado em espaços fechados, com necessidade de luz artificial, marcando o início da iluminação propriamente dita. Abordamos, também, a pesquisa atual na área de iluminação cênica, desde os pioneiros (McCandless e Jean Rosenthal) aos contemporâneos (Palmer, Pilbrow, Reid, Max Keller e outros).

No capítulo seguinte, "Luz e Criação", relembramos aqueles que foram os primeiros a desvendar os poderes da luz no teatro e na dança: de Appia e Craig aos expressionistas, de Max Reinhardt a Brecht, de Grotowski, Artaud, Kantor, Strehler e Svoboda aos mais recentes, como Bob Wilson. Na área de dança, vamos desde a contribuição de Loïe Fuller até as propostas de Alwin Nikolais e as inovações da era digital.

No capítulo "Luz e Representação", abordamos a função referencial da luz ou sua capacidade de descrever, de ilustrar, de modo analógico ou não a realidade.

Em "Luz e Atmosfera", dizemos que a luz não descreve apenas a realidade, tal como ela é, mas a maneira como o teatro pode sugeri-la, por impressões sensoriais.

No capítulo "Luz e Expressão", procuramos ampliar a compreensão da luz no teatro como meio centralizador do que o iluminador quer expressar através da luz, do que a luz quer expressar da realidade representada, do que o espectador deve sentir da luz e do que a luz tem a dizer sobre si mesma.

O capítulo "Luz e Espaço" fala sobre as possibilidades de movimentação do corpo no espaço e de como a luz, com seus recursos, pode acompanhar essas incursões. Analisa as linhas de força no palco italiano, a partir das considerações de Doris Humphrey e as possibilidades dimensionais do corpo, com base nas considerações de Rudolph Laban.

Em "Luz e Tempo", discutimos a luz como representação do tempo: "instante" e "duração".

As diversas considerações apresentadas neste livro dizem respeito à luz como representação de alguma coisa diferente dela mesma. Ou seja, a luz como mídia de algo, e não como apresentação de si mesma.

1. Luz e Iluminação

LUZ NOS PRIMÓRDIOS DO TEATRO

Durante muitos séculos, o teatro foi realizado à luz do sol, sem necessidade de iluminação artificial. O espetáculo começava de manhã, percorria o dia todo e despedia-se quando o sol ia embora. Era como se uma luz natural governasse a cena lá do alto, de uma grande distância. Quando chegava o final de tarde, essa luz se recolhia e o espetáculo cessava. Mas por pouco tempo, pois algumas horas depois ela regressava. Às vezes pálida, nevoenta, translúcida; outras vezes, magnífica e absoluta. Os atores retornavam às máscaras, vinham à presença do público e o espetáculo recomeçava, sob aquela claridade divina, sideral, cósmica. Uma luz superior que projetava seus raios em todas as direções e refletia nas superfícies, volumes e cores. Novamente o palco e a plateia podiam se encontrar e comungar dos mesmos rituais aos deuses; rir de erros e vaidades comuns; elevar virtudes e julgar as ações humanas. A luz tinha voltado e a celebração tornara-se novamente possível.

Um certo dia, entretanto, o teatro recolheu-se dentro de casa e passou a viver sob a escuridão, fechado entre quatro paredes, debaixo de um teto e sem janelas. A partir desse momento, foi preciso reinventar a luz. Encontrar uma outra que substituísse a primeira, a original. Tarefa difícil. O desafio à inteligência foi: criar um artifício que pudesse revelar as coisas na escuridão do espaço fechado.

O teatro foi em busca de uma luz que reencontrasse a imaginação, a fantasia, o faz de conta, aquilo que o sol lhe havia revelado de graça durante tanto tempo. Era preciso sair das trevas e redescobrir tudo isso novamente, por seus próprios meios. Aos poucos, durante séculos, foi transformando sua experiência em luz, em chama iluminante, em fonte incandescente, à imagem e semelhança da luz primeira, daquela luz inigualável. Do iluminante veio o sonho. Do sonho, voltou-se à realidade. A realidade trouxe a matéria e o espírito, que se abriram à mente, transformando-se em abstração, em referência, que gerou o símbolo, que gerou a linguagem.

A luz solar iluminou desde as manifestações mais primitivas do teatro, como as pantomimas mágicas, as danças e as celebrações relacionadas à caça e às colheitas, até os mistérios de Elêusis, a representação do matrimônio sagrado na Mesopotâmia, as *ta'zieh* da Pérsia, os mistérios de Osíris no Egito, as danças rituais xamânicas, os festivais de Kaifeng na China e as grandes dionisíacas da Grécia, com procissões nas ruas, realizadas em louvor a Dioniso e à colheita da uva.

No teatro de sombras, praticado na Turquia, Índia, China e Indonésia, a claridade externa servia de contraluz nas cortinas e telas semitransparentes, atrás das quais se manipulavam as figuras e se produziam efeitos ilusionistas.

A tragédia e a comédia gregas, produzidas no século v a.C., bem como o teatro romano e o medieval, não precisavam de recursos artificiais de luz. A céu aberto ou em ambientes que conectavam interior e exterior, como nas igrejas medievais, a luz estava diretamente vinculada à cena, sem a menor possibilidade de se estabelecer controle sobre ela.

Durante todo esse período de teatro produzido sob fonte natural, a luz não era outra coisa senão ela mesma, como pura manifestação. Durante o dia, as radiações solares variavam desde os primeiros clarões do amanhecer até o brilho intenso do meio-dia e o enfraquecimento no final da tarde. O que os espectadores viam no palco resultava de livres acordos que se estabeleciam entre a cena e as radiações solares, sem interposição de filtros e sem manipulação externa. Os reflexos, os brilhos e as marcas de sombra ocorriam casualmente, sem agendamento prévio. Até hoje, os espetáculos realizados em ambientes externos, quando apresentados durante o dia, guardam as características das encenações primitivas: o que os olhos veem é o que os olhos veem, sem filtros, sem artifícios.

Quando a cena se estendia até o anoitecer, utilizavam-se materiais combustíveis como meio artificial de se produzir luz. Tochas, archotes e fogueiras constituíam pretensos sucedâneos da luz solar, com a finalidade de alumiar a cena e torná-la visível para os espectadores.

Na Grécia, as apresentações eram feitas em amplos teatros, construídos de forma semicircular e cuidadosamente planejados para que não apresentassem problemas de acústica e visibilidade. As arquibancadas eram escavadas nas encostas das colinas e tanto o público quanto os atores ficavam expostos à luz do sol, aos ventos e à brisa do mar.

Logo de manhã, milhares de pessoas tomavam seus lugares no "teatron" (arquibancadas) e ali permaneciam o dia todo, assistindo às tragédias e dramas satíricos. Os movimentos do coro na "orquestra", as entradas e saídas, os movimentos, as vestes, tudo era visto em sua aparência natural. O espetáculo entrava em brilho ou em sombra, dependendo do horário, do movimento das nuvens e das gradiências da luz solar.

A distância que separava a plateia do palco e a dificuldade de se estabelecer uma concentração visual às cenas exigiam que os atores usassem máscaras para ampliar expressões, dispositivos para dar ressonância à voz, além de coturnos para parecerem altos. Os movimentos do coro eram limitados e uniformes, exatamente para facilitarem o acompanhamento visual, principalmente daqueles que estavam sentados a longa distância do palco. Não havia luz que pudesse recortar as figuras no espaço, separar planos e concentrar a ação dramática, como hoje acontece. Eventualmente alguma alteração brusca de intensidade, devido à movimentação das nuvens, podia coincidir com pontos dramáticos da peça, mas isso era imprevisível e ocorria por acaso. Os recursos de luz artificial como velas, tochas e archotes entravam esporadicamente como iluminantes, quando as apresentações estendiam-se até a noite. Em alguns casos, porém, eram usados em plena luz do dia, mas para designar "noite" e "escuridão". Max Keller menciona o uso da pintura para representar "*flashes* de luz" e de cortinas pretas para designar "noite"[1]. Eis aí um dos primeiros indícios do que seria a iluminação séculos mais tarde: um meio de representação, tão poderoso quanto outros elementos cênicos. Se uma coluna pode representar um palácio; se um trono pode designar realeza e se o canto dos pássaros pode estabelecer uma floresta, por que também a luz não pode representar alguma coisa?

No entanto, não se pode afirmar que, nessa época, não houvesse tentativas de se manipular a própria luz solar, sobretudo para fins expressivos.

Para captar a luz e transportá-la para áreas específicas do palco, utilizavam-se escudos de madeira revestidos por lâminas de mica reflexiva, distribuídos por diversos pontos da plateia. Tais artefatos espelhados permitiam captar a luz e transportá-la até o palco, produzindo sombras enormes, causando uma ilusão de maior grandeza das personagens[2].

Esses processos de inter-reflexão, artifícios para captar e redirecionar a luz, já davam mostras de que ela poderia ser incluída entre os recursos necessários à produção do espetáculo. Os encarregados de manejar as placas refletoras, por sua vez, poderiam ter sido os primeiros a exercer o ofício que no teatro atual cabe aos operadores de luz. Tais procedimentos também prenunciavam o que hoje a arquitetura define como inter-reflexão: uma forma de captar a luz natural e transferi-la para as áreas internas da edificação por meio de espelho d'água, vidros e superfícies brilhantes.

O drama pré-cristão, encenado à luz dos céus da Grécia, atinge seu auge no século v a.C. Os textos produzidos pelos dramaturgos gregos, tais como chegaram até nossos dias, já levavam em conta as condições da luz solar e o seu movimento do leste para o oeste, sob as quais o drama iria se desenvolver nos palcos. As peças eram desenvolvidas com base nos ritmos diários da luz solar e encenadas em espaços cuidadosamente calculados e situados, visando a obter a máxima vantagem da luz natural[3].

---

1 *Light Fantastic*, p. 33.
2 Cf. D. Fo, *Manual Mínimo do Ator*, p. 258.
3 Cf. J. Rosenthal; L. Wertenbaker, *The Magic of Light*, p. 43.

LUZ E ILUMINAÇÃO 5

O teatro romano também realizou-se ao ar livre, aproveitando a claridade da luz solar. Vitrúvio (século I a.C.) alertava sobre a necessidade de buscar locais favoráveis e saudáveis para a construção dos teatros, já que os cidadãos permaneceriam sentados por muito tempo e teriam de suportar o calor do sol. As construções não só deveriam evitar locais pantanosos e insalubres como também planejar cuidadosamente a orientação dos ventos e a circulação do ar, para que o calor não ficasse concentrado na área interna do edifício e tornasse o ambiente insuportável[4].

Diferentemente dos gregos, os teatros romanos não hesitaram em usar tochas quando escurecia[5]. Tais recursos atuavam prioritariamente como instalações fixas, desempenhando um papel semelhante ao dos refletores fixos de hoje. Quando necessário, porém, havia encarregados que movimentavam os archotes de um ponto ao outro do palco, produzindo alternâncias de claridade e sombra. Essa mobilidade da luz, obtida por transporte humano, levaria séculos até chegar aos recursos de automação que conhecemos hoje.

Nos últimos anos do período imperial, o teatro romano fazia parte da agenda de elaborados eventos da corte, frequentemente realizados à noite, em espaços internos, utilizando como luminárias as lâmpadas a óleo, velas e tochas[6].

Em Roma, o deslocamento de milhares de pessoas nas ruas, à noite, quando voltavam para suas casas após os espetáculos, constituía uma prova da necessidade de se instalar iluminação pública. Quando Tibério determinou que quinhentos escravos portando tochas conduzissem o público do teatro às suas casas, a iluminação pública começava a nascer[7].

LUZ NO TEATRO MEDIEVAL

Na Idade Média, os dramas litúrgicos desenvolveram-se primeiramente nas igrejas. A claridade que entrava pelos vitrais

---

4   Cf. M. L. Vitruvio Polion, *Los Diez Libros de Arquitectura*, p. 56.
5   Cf. J. Rosenthal; L. Wertenbaker, op. cit., p. 43.
6   Cf. M. Keller, op. cit., p. 33.
7   Cf. J. Rosenthal; L. Wertenbaker, op. cit., p. 45.

era suficiente para que o público pudesse enxergar os atores. A luz natural, filtrada pelas cores dos vidros, transmitia uma atmosfera de onipotência divina, de uma realidade mais elevada e uma beleza de poderoso efeito eclesiástico e não simplesmente estético[8].

A luz natural que entrava pelas janelas e vitrais (com seus mosaicos de cores) atingia superfícies claras que, por sua vez, transmitiam luz para pontos mais obscuros da nave e do altar onde eram feitas as apresentações. Mais uma vez o teatro recorria à inter-reflexão, à forma indireta, filtrada pelos recortes semitransparentes e coloridos.

Do século XII, destacam-se os vitrais azuis (daí a referência ao *bleu* da catedral de Chartres). O vidro azul permanecia inalterado por mais tempo, ao contrário dos vidros de outras cores, sujeitos à corrosão que os tornava opacos. A gama colorida dos vitrais variava do vermelho com fundo azul, do verde dominante sobre o amarelo e do púrpura sobre o tom rosa[9]. Havia também os vitrais com vidros brancos (*grisaille*), cuja translucidez permitia a suave entrada da luz externa.

No século XIII, as alternâncias de cores nos vitrais muitas vezes reduziam-se a duas variações apenas: o vermelho e o azul, mais saturados. Outras vezes, apareciam prioritariamente as nuanças (carmim, oliva e esmeralda) ou o próprio branco e incolor, certamente com o intuito de aproveitar melhor a incidência externa[10].

No século XIV, a fabricação de novos tipos de vidro, principalmente incolores, finos e límpidos, traz mais claridade ao interior das igrejas.

Os vitrais, com seus temas variados, da mitologia pagã às representações de santos, anjos, demônios e cenas da religião cristã, constituem uma referência imprescindível do filtro de luz que certamente marcou a cena medieval vista no interior das igrejas. O Museu da Idade Média, em Paris, contém um acervo significativo desses vitrais, com as variações cromáticas, a diversidade de temas e estruturas (em círculo, sobreposição, recorte etc.).

---

8   Cf. M. Keller, op. cit., p. 33.
9   Cf. F. Perrot; A. Granboulan, *Vitrail* , p. 24.
10 Idem, p. 35; 43.

Mais tarde, as representações passaram para os adros e depois para as praças públicas, encruzilhadas, tavolagens e os mais diversos espaços onde se pudessem adaptar os estrados. Provavelmente até em ruínas de antigos teatros romanos[11]. A claridade solar mais uma vez dava conta da questão da visibilidade.

Os mistérios medievais, durante uns quinhentos anos, eram representados desde as primeiras horas do amanhecer até a entrada da noite. Quando anoitecia, havia encarregados que manipulavam tochas para alumiar artificialmente a cena. Não há informações de como e onde eles se colocavam com suas tochas equipadas com protetores de ferro (invenção dos romanos) dentro dos quais ardiam as chamas[12].

Na Inglaterra elisabetana, o teatro apresentava-se sob forma circular ou poligonal, com balcões para o público e um espaço central, vazio, sem cobertura. O tablado apoiava-se nessa construção circular e avançava no espaço vazio, ao centro. A parte anterior do tablado ficava descoberta e a parte posterior tinha um teto, apoiado nas colunas. A cena também era vista à luz do dia. Quanto ao papel representativo da luz, por meios artificiais de tochas e archotes, há citações nos textos de Shakespeare sobre a presença da luz como indicador de "noite", como a cena em que Romeu pede uma tocha.

LUZ NOS TEATROS FECHADOS

Quando o teatro se fechou dentro de uma sala, no século XVI, o primeiro problema que surgiu foi o da visibilidade. Era preciso substituir a luz solar, que até então havia servido de fonte básica de luz, por um artifício que clareasse o palco e permitisse que as coisas sobre ele pudessem ser vistas. Surgiu a necessidade de um recurso que atuasse, antes de mais nada, como iluminante, como sucedâneo da luz natural. Sem ele, o teatro fechado não poderia existir.

Com as apresentações vespertinas não havia problema, pois os teatros possuíam amplas janelas que permitiam captação de

---

11 Cf. P. Sonrel, As Festas Medievais, *O Teatro e a Sua Estética*, v. II, p. 75-85.
12 Cf. J. Rosenthal; L. Wertenbaker, op. cit., p. 45.

luz externa. À noite, entretanto, muitas velas precisavam ser instaladas no interior das salas, para garantir a visibilidade.

Vários tipos de vela foram empregados: a vela de cera, invenção dos fenícios (cerca de 300 anos a.C.) foi por muito tempo o único iluminante dos teatros. Luz instável, oscilante, impossível de ser controlada.

Mais tarde, surgiram as velas de sebo, que exalavam o mau cheiro da gordura vegetal, produziam fumaça, causavam irritação aos olhos e queimavam irregularmente. Por outro lado, as mechas torcidas produziam carbono que precisava ser aspirado constantemente para garantir certa constância na luz.

A novidade dos pavios enrolados, com mechas únicas ou paralelas, pretendia não só melhorar a intensidade e o brilho da luz, como reduzir a quantidade de fumaça, o gotejamento e o odor que as velas produziam, além de trazer mais segurança e economia de material combustível.

Do século XVII até meados do século XVIII, a utilização de óleo de baleia como material combustível representava segurança, facilidade de uso com ajustamento ocasional de pavio e pouca produção de fumaça.

As velas ofereciam uma luz mais eficiente que as lâmpadas de óleo e as tochas. Eventualmente, porém, optava-se pelas tochas nos ambientes interiores por serem mais econômicas. O óleo das lâmpadas e o sebo das velas, além de materiais combustíveis, eram substâncias nutrientes. Quando a comida estava em falta, os pobres corriam em busca do sebo das velas como forma de alimento[13].

As velas requeriam muito trabalho. Era preciso aproveitar ao máximo o material combustível, à base de cera ou sebo, zelando pela sua economia e pela qualidade da luz produzida. Nos teatros, havia encarregados que chegavam a entrar no palco durante a cena para cuidar da manutenção das velas, aparando os pavios com tesouras específicas, com o cuidado de não apagarem-nas e terem de reiniciar todo o processo novamente[14].

A iluminação à base de velas não saía barato em razão da constante necessidade de manutenção. Nas residências, só os mais ricos podiam instalar sistemas eficientes de provimento

13 Idem, p. 45-46.
14 Idem p. 46.

de luz, arcando com as despesas de material (cera) e de criados para manutenção.

A substituição das mechas de algodão pelos pavios enrolados permitiu uma queima uniforme com resultados mais regulares, sobretudo quando se passou a combinar esterina com parafina, no século XIX. A esterina tinha um alto ponto de fusão, não era oleosa, não fazia fumaça, não gotejava nem produzia odor desagradável[15].

O uso de candelabros nos teatros percorreu os séculos XVII e XVIII. A princípio, candelabros enormes com os tipos mais variados de suspensão e número de velas eram pendurados indistintamente pelo palco e plateia. Em 1719, a Comédia Francesa utilizava 268 velas de sebo para iluminar sala, palco e demais dependências[16]. Só na ribalta havia 48 velas[17].

Em 1783, Ami Argand cria um tipo de lampião a óleo (o lampião Argand), de efeito menos bruxuleante e luminosidade mais intensa que a das velas; em seguida, veio o lampião astral francês e o tipo criado por Bernard Carcel, que emitia uma luz mais constante. O problema agora era a queima de óleo, a sujeira que produzia no teto, nas cortinas e estofados, além do constante risco de pingos de azeite caírem na cabeça de alguém.

Era preciso que se encontrassem combustíveis mais limpos, práticos e eficientes. Nos Estados Unidos, usava-se o óleo de baleia; na Europa, experimentou-se o de colza, extraído de um tipo de nabo, e o canfeno (terebintina destilada); depois veio o querosene, cujo inconveniente era queimar muito combustível, produzir calor e excesso de fuligem[18].

Nos teatros, paralelamente à pesquisa de fontes combustíveis, foram experimentados novos meios de instalação, de tal modo que as luminárias pudessem ficar concentradas preferencialmente na parte interna do palco italiano, um pouco longe da vista do público, para não incomodá-lo durante as apresentações. Essas tentativas de se ocultarem as fontes de luz no palco já revelavam as primeiras preocupações com a localização e a distribuição das luminárias. O local de procedência da luz

---

15 Cf. S. Hamper, *Lighting Devices and Accessories*, p. 14.
16 Cf. P. Blanchard, *Historia de la Dirección Teatral*, p. 91.
17 Cf. R. Pilbrow, *Stage Lighting Design*, p. 173.
18 Cf. W. Rybczynski, *Casa*, p. 145-147.

punha os técnicos em contato com as primeiras noções, ainda que vagas, de ribalta, luz lateral, luz de fundo e luz vertical.

À medida que se deslocavam as fontes de luz pelos diferentes pontos do palco, alteravam-se também as relações que a luz estabelecia com a cena. A transferência dos candelabros de um lugar ao outro produziam situações novas de reflexos e sombras.

A cena passava a ser vista de diferentes ângulos, contemplando suas dimensões de altura, comprimento e profundidade, a contento dos arquitetos do Renascimento, que viam na luz um recurso imprescindível para demonstrar no palco suas ideias ligadas à perspectiva.

Além do aspecto dimensional, o teatro à luz de velas também fez suas incursões pela sensorialidade, ao empregar vidros contendo líquido colorido, com a intenção de mudar a cor da luz. Essas experiências em busca de efeitos cromáticos e atmosféricos antecipavam os filtros e gelatinas da iluminação atual.

A descoberta da dimensionalidade cênica e dos efeitos atmosféricos por meio da luz, a despeito da insipiência dos meios combustíveis, vinha demonstrar, desde cedo, a tendência em fazer da luz não apenas um iluminante, para fins de visibilidade, mas um recurso capaz de interferir na cena e alterar seus modos de percepção.

Nos espetáculos realizados externamente, iluminados por fonte natural, a cena se apresentava sob uma luz fluida e processual, que não admitia ser controlada e monitorada. Os brilhos e as sombras resultantes da passagem das nuvens seguiam a seta do tempo e penetravam nas cenas até mesmo quando estas transitavam por tempos dramáticos diferentes. Não havia como evitar o percurso natural da luz, inserido na irreversibilidade do tempo.

No teatro à luz de velas, cena e luz queimavam energia a olhos vistos. Os atores transformavam energia mecânica em calórica e os candeeiros transformavam energia calórica em eletromagnética. Ao final da apresentação, os atores suavam e as velas derretiam, sem falar no odor e nas gotas quentes que costumavam respingar dos candelabros sobre as pessoas.

As velas constituíam uma fonte viva que pulsava diante de uma cena viva; porém, estavam longe de obter a quantidade de recursos que temos hoje. O tempo da vela queimando pulsava ao ritmo das transformações termodinâmicas da cena.

LUZ E ILUMINAÇÃO

Mas não havia possibilidade de estabelecer recortes, de reduzir e aumentar a intensidade ou de controlar entradas e saídas de um ponto centralizado.

Durante séculos, apesar de todas as tentativas de aprimoramento das condições de visibilidade, a única fonte de energia de que se dispunha ainda era muito precária. Velas de cera, de sebo, lampiões de azeite ou querosene não representavam mais que um fraco substitutivo da luz solar, sem outra função a não ser clarear a sala internamente, de modo difuso. Produziam uma luminosidade instável, difícil de controlar, sem direcionamento, foco, extinção gradativa e outros recursos que hoje conhecemos.

Mesmo assim, é preciso lembrar que já no século XVI, Sebastiano Serlio (1475-1554) e Leone di Somi (1525-1590) demonstravam bastante interesse pelo estudo da iluminação cênica, propondo soluções e melhorias, ainda que partindo dos recursos precários então disponíveis.

Por volta de 1565, Leone di Somi escreveu *Quatro Diálogos de Representação Cênica*, nos quais os interlocutores abordam a questão do *mood* (ânimo, disposição, humor) e atmosfera, discutindo a transição da alegria, brilho e vida, usando cores quentes e brilhantes, até chegar à redução da luz para momentos mais trágicos da cena. O texto descreve o uso de tochas atrás de vidros com água colorida para efeitos cromáticos, o emprego de espelhos para ampliação da luz e instalação de fontes fora do alcance dos olhos, nas coxias, para reduzir o incômodo da fumaça[19].

Leone di Somi preocupou-se com a redução da quantidade de luz na plateia, com a finalidade de intensificar a luminosidade do palco. Propôs que se ocultassem as fontes visíveis o quanto fosse possível, principalmente para que o público ficasse protegido da exposição direta. Na plateia, haveria um mínimo possível de luzes, bem recuadas, atrás do público, de modo que, por contraste, o palco parecesse mais fortemente iluminado.

Nas suas descrições de luz, publicadas em *Archittetura* (1545), Serlio diferenciava "luz geral", para o palco todo, de "luz móvel ou viva (mobile)", para simular sol e luar movimentando-se no céu, antecipando-se aos estudos de Appia, que viriam quatro séculos depois[20].

19 Cf. R. Pilbrow, op. cit., p. 168.
20 Idem, p. 167.

Ângelo Ingegneri (1550-1613), cenógrafo do Teatro Olímpico de Vicenza, tentou ir mais adiante, propondo o escurecimento completo da plateia, mas não teve êxito. O público queria ir ao teatro para ser visto e ver as outras pessoas. A plateia às escuras não permitia isso. O escurecimento definitivo da sala só ocorrerá, de fato, alguns séculos depois, assinalando a primeira grande mudança no conceito de luz cênica.

Nicola Sabbatini (1574-1654), em sua *Pratica di fabricar scene e machine né teatri* (1638) descreve o uso de luzes no proscênio, ribalta e laterais, propõe um fusível para acender as lâmpadas simultaneamente e até um dispositivo funcionando como espécie de *dimmer*. Uma das técnicas descritas por Sabbatini para escurecer o teatro consistia em descer lentamente tubos de metal sobre as velas; outra, estabelecia que o feixe de luz deveria ficar no centro de um meio-cilindro, que podia ser girado para reduzir a intensidade da luz em uma direção[21].

Ainda do século XVII, podemos citar a contribuição do alemão Josef Furttenbach (1591-1667), com *Architectura recreationis*, de 1640 (que traz uma descrição detalhada de iluminação com refletores e fileiras de lâmpadas, com uso de ribalta, luz lateral e de cima do palco) e do inglês Inigo Jones (1573-1652), que menciona uso de luzes multicoloridas e criação de efeitos da natureza.

Furttenbach recomendava um número grande de lâmpadas a óleo ocultas nos bastidores. Foi também o primeiro a sugerir luz a partir das bordas do palco, recorrendo ao uso de espelhos para transportar reflexos. Além disso, propôs luz em ângulo baixo, da ribalta, de modo que o público pudesse ver e não ser ofuscado pela luz. Para maior economia, nas matinês os teatros deveriam fazer uso de janelas dispostas apropriadamente. Suas propostas vigoraram até a segunda metade do século XVIII[22].

A instalação de candelabros passou por várias mudanças no decorrer dos séculos XVII e XVIII.

Em 1765, o ator e diretor David Garrick (1717-1779) viaja pelo continente europeu e retorna determinado a modernizar a iluminação do Drury Lane, de Londres, com a introdução de refletores projetados de ângulo baixo e eliminação dos

---

21 Cf. M. Keller, op. cit., p. 5.
22 Idem, p. 35.

LUZ E ILUMINAÇÃO 13

candelabros suspensos, retirando do palco, assim, as fontes visíveis. Garrick usou as laterais e a ribalta, proporcionando uma luminosidade mais concentrada no palco de fontes não aparentes. Mudanças semelhantes foram realizadas, logo em seguida, no Covent Garden, mas com emprego de lâmpadas a óleo em vez de velas de cera[23]. O cenógrafo de Garrick, P. J. de Loutherbourg (1740-1812), tornou-se um mestre na criação de atmosfera, utilizando mudança de cor nas luzes laterais[24].

Aos poucos, a iluminação cênica tornava-se mais intensa e brilhante. A lâmpada Argand, desenvolvida por volta de 1784, era capaz de produzir um brilho equivalente a uma dúzia de velas. Alguns anos depois, porém, surgirá outra substância mais eficiente ainda na produção da luz: o gás.

LUZ A GÁS

Nas ruas de Londres, o gás começa a ser utilizado a partir de 1807; a ponte Westminster foi iluminada a gás em 1813. Por volta de 1823, várias cidades na Inglaterra eram iluminadas com gás. A luz a gás custava 75% menos que as lâmpadas a óleo ou as velas; era menos tóxica que outras formas combustíveis, mais brilhante e permitia que as pessoas pudessem ler à noite mais facilmente e por mais tempo, influenciando então a literatura e a aprendizagem.

Em Paris, o gás é introduzido a partir de 1819. Na iluminação doméstica, começa a ser utilizado nas casas só a partir de 1840, na Europa, e depois de 1865 nos Estados Unidos, após o término da Guerra Civil.

A lâmpada a gás de hulha (carvão de pedra) foi inventada em 1791 pelo engenheiro inglês William Murdoch (1754-1839). Sete anos depois, o francês Phillipe Lebon (1767-1804) desenvolve a produção de gás pela destilação de madeira. Esses experimentos foram resultando na obtenção de uma luz mais clara e menos amarelada. Nos teatros, as canalizações que alimentavam os focos de gás, de várias espessuras, lembravam os tubos de

---

23 Cf. P. Hartnoll, *The Concise Oxford Companion to the Theatre*, p. 306.
24 R. Pilbrow, op. cit., p. 172-173.

um órgão de música – daí a denominação *jeu d'orgue*, que perdurou até hoje para as mesas de comando, mesmo as elétricas[25].

A iluminação a gás vem resolver de forma mais satisfatória a questão da visibilidade nos teatros. Longe de ser ainda a solução ideal, o gás representou um grande progresso em relação à precariedade das tochas, velas, lâmpadas de azeite e querosene.

Nos teatros, o gás é empregado de forma generalizada a partir de 1850. A primeira adaptação bem-sucedida da luz a gás no palco deu-se em 1803, no Lyceum Theatre, de Londres, realizada por um alemão, Frederick Winsor (1763-1830).

O Chestnut Opera House, na Filadélfia, converteu seu sistema em 1816. No ano seguinte, mais dois teatros londrinos faziam o mesmo: o Drury Lane e o Convent Garden.

Em 1818, foi a vez do Teatro da Ópera, também de Londres; em 1822, o Teatro de Ópera de Paris utiliza a iluminação a gás na peça *Aladim* ou *A Lâmpada Maravilhosa,* embora a imprensa parisiense só viesse dar importância ao uso do gás no teatro dez anos depois, na montagem da ópera *Roberto, o Diabo,* de Meyerbeer.

Em 1830, o Covent Garden passa a utilizar o carbureto, uma espécie de gás inflamável, que emana de certas pedras naturais quando expostas à água, gerando uma luz muito clara. Recurso caro, o carbureto foi uma descoberta do inglês Thomas Drumond (1797-1840), que sugeriu a utilização de dois cilindros, um de oxigênio e outro de hidrogênio, para alimentar o gás e melhorar o seu brilho[26].

Na Comédia Francesa, o sistema a gás foi instalado em 1843. Nesse mesmo ano, um dos últimos teatros ingleses a realizar a conversão para o gás é o Haymarket.

O gás tinha diversas vantagens: luz mais intensa (um candelabro a gás era equivalente a doze velas), regulagem de intensidade, maior estabilidade nos fachos, nitidez nas respostas e controle centralizado. Com a luz a gás, foi possível que se criassem novas disposições de fontes de luz e inclusive efeitos individualizados para isolar cenas e criar zonas de atenção. O grande inconveniente do gás, principalmente nos locais pequenos e fechados, era o cheiro desagradável, a sonolência que produzia

---

25 Cf. H. F. Saraiva, *Iluminação Teatral*, p. 8.
26 Idem, p. 9.

e a fuligem, exigindo limpeza constante de paredes, tetos e cortinados.

A princípio, o gás tinha de ser manufaturado pelo próprio teatro, o que resultava em gastos enormes, pois era necessária uma grande quantidade de pipas para abastecer o prédio todo. A manutenção era cara, porém a qualidade de luz oferecida pelo gás e o seu sistema de controle eram as melhores descobertas que tinham sido realizadas até então. Pela primeira vez era possível, por exemplo, estabelecer controle sobre todas as luzes a partir de um mesmo ponto.

As primeiras mesas de controle apareceram no Lyceum Theatre, de Londres, e no Boston Theatre, nos Estados Unidos. Eram equipadas com *masters*, que controlavam todas as saídas, e com válvulas redutoras, individualizadas e em série. O brilho podia variar, regulando-se a provisão de luz; quanto ao controle, a mesa permitia separar a luz por áreas isoladas.

No entanto, além do custo de manutenção, havia os problemas de segurança. O gás representava um risco constante de incêndio, apesar dos regulamentos e normas de uso que vigoravam. Os jatos ficavam expostos e muitas vezes próximos de revestimentos de madeira, o que aumentava o risco de incêndio. Os teatros eram obrigados a estabelecer um número determinado de candeeiros, fixados em locais apropriados. Era obrigatória, também, a presença de guardas fiscalizando as instalações. Mesmo assim, os incêndios eram comuns.

A iluminação a gás, com sua brandura e intensidade quase invariável, provocou mudanças na impressão visual da cena, até então restrita à combustão das velas e às precárias condições de representação. Fora dos palcos, o gás trazia modificações na iluminação doméstica e urbana, além de transformar completamente as condições de trabalho. As cidades passaram a desfrutar de seus espaços também à noite, com a luz possibilitando a circulação pelos jardins, pontes e corredores urbanos. A vida noturna das cidades adquiriu mais vitalidade com a ampliação das áreas de uso.

A literatura e a pintura da época trazem registros valiosos sobre a luz a gás e seus efeitos. O escritor francês Charles Nodier (1780-1844) fala sobre os perigos da iluminação a gás no *Ensaio Sobre o Gás Hidrogênio e os Diversos Modos de*

Iluminação Artificial, publicado em 1823. O poeta português Cesário Verde (1855-1886) descreve as ruas de Lisboa à luz de gás, no poema "O Sentimento Dum Ocidental" (1880).

Na pintura, Edgar Degas (1834-1917), hábil em registrar o movimento e a diversidade de ângulos, sobretudo na famosa série de bailarinas no palco, deixa registros sobre a luz a gás nos teatros de sua época, projetada da ribalta, em ângulo baixo.

Mais preocupado em mostrar o efeito resultante do que propriamente a fonte de luz, Degas valoriza a instantaneidade e a impressão visual obtida com os recursos da iluminação artificial. Em *La Répétition de ballet sur scène* (Ensaio de Balé no Palco), de 1874, a luz projetada de ângulo baixo produz efeito fantasmagórico de corpos que se movimentam feericamente sob os clarões do gás. A partir de 1875-1880, Degas passa a registrar tons, nuanças e contraluzes mais sutis, como em *Danseuses au foyer* (Dançarinas no *Foyer*), de 1879[27], que contrasta com a forte intensidade da contraluz projetada da janela, em *Trois danseuses dans une salle d'exercice* (Três Dançarinas numa Sala de Exercício), de 1873, que valoriza explicitamente os pés, o chão e os contornos do corpo.

O brilho da chama de um fósforo, de uma vela ou de um jato de gás não é uniforme. Quando se acende um fósforo, por exemplo, nota-se uma porção azulada na base, menos luminosa, decorrente da combinação do ar com o hidrogênio do hidrocarbono que está sendo evaporado e desintegrado[28]. Na luz de velas, o espaço dominante é a escuridão dentro da qual alguns pontos localizados se sobressaem. No gás, o efeito também se concentra em torno da fonte, com perdas de intensidade conforme a luz se espalha no ambiente.

No Brasil, a introdução da iluminação a gás, no Rio de Janeiro, está associada ao nome do empresário e banqueiro Irineu Evangelista de Souza, o Barão e Visconde de Mauá (1813-1889), com seu projeto de iluminação a gás, colocado em prática a partir de 1854, com a criação da *Companhia de Iluminação a Gás* (uma década mais tarde, a concessão passaria à empresa inglesa Rio de Janeiro Gas Company Limited). Os lampiões a gás mudaram completamente a vida noturna do

---

27 Cf. P. Cabanne, *Degas*, p. 50.
28 Cf. M. Luckiesh, *Artificial Light*, p. 81-82.

LUZ E ILUMINAÇÃO

Rio de Janeiro, inicialmente com 3.027 lampiões públicos, mais de três mil residências e alguns teatros, dentre eles o Teatro de S. Pedro (atual João Caetano).

Os quadros de Debret (1768-1848) mostram aspectos da iluminação pública no Rio de Janeiro, com os lampiões de azeite de peixe na praça Tiradentes, mais tarde substituídos pelo gás. Nos palcos, a iluminação a gás trouxe intensidade e estabilidade de fluxo, mas não vigorou por muito tempo. Segundo Denis Bablet, "Em 1879, a descoberta da lâmpada de incandescência [de Thomas] Edison, de filamento de carbono, permite uma generalização do emprego da eletricidade como meio de iluminação cênica"[29].

ILUMINAÇÃO ELÉTRICA

A eletricidade tomou definitivamente o lugar dos meios combustíveis, manufaturados e artesanais de produção de luz, produzindo um efeito mais uniforme e constante, três vezes mais brilhante, além de inodora e mais segura. A eletricidade produziu não só a luz, mas calor e força para movimentar máquinas.

Até o final do século XIX, a inovação elétrica já tinha chegado à maioria dos grandes teatros: o Savoy Theatre, de Londres, e o Bijou Theatre, de Boston (1881); o Landestheater, de Stuttgart, o Residenztheater, de Munique, o Staatsoper, de Viena (1883), e o People's Theatre, de Nova York (1885).

O Savoy Theatre celebrou a eletricidade instalando 1.158 lâmpadas incandescentes, das quais 824 ficavam no palco, controladas por seis *dimmers*. Em 1902, o Prinzregententheater, de Munique, apresentava um sistema de quatro cores com 1.542 lâmpadas no palco, sem contar as lâmpadas de arco[30].

A iluminação elétrica chegava aos palcos acompanhada de uma mudança historicamente importante: o obscurecimento da plateia. Em 1876, Richard Wagner (1813-1883) apaga as luzes da plateia durante a representação de suas óperas, em Bayreuth, rompendo uma tradição que vinha desde a

---

29 A Encenação e a Cenografia Expressionistas, em J. R. Redondo Júnior (org.), *O Teatro e a Sua Estética*, v. I, p. 291.

30 Cf. R. Pilbrow, op. cit., p. 175-176.

Renascença; em pouco tempo, outros teatros farão o mesmo. A sala no escuro traz um envolvimento maior do espectador com a cena, reforçando a ideia de ilusão. A ribalta abre uma fronteira entre o drama e o espectador, reforçando a ação restritiva do quadro cênico e contribuindo para o seu afastamento. Por outro lado, o escurecimento da plateia contraria o hábito do público de ir ao teatro para se mostrar. Nesse momento, "o teatro deixa de ser o imenso salão da sociedade burguesa"[31].

Com a plateia totalmente no escuro, a iluminação cênica adquire outro sentido e, evidentemente, mais importância sobre o espetáculo. A partir de então, surge uma separação nítida entre palco e plateia, permitindo o surgimento de uma nova percepção tanto da luz quanto da cena.

O escurecimento da sala vinha quebrar uma tradição de quatro séculos, desde que o teatro passou para as salas fechadas, no Renascimento. Correspondia a uma necessidade de ilusão, para a qual a cena delimitada pela luz deveria ser o único foco de atenção do espectador. A ribalta, que anteriormente muitos se preocupavam em suprimir, transforma-se agora numa fronteira entre o drama e o espectador. O ilusionismo, porém, dependeria de alguns fatores, como concentrar a luz no quadro da cena e manter os aparelhos dissimulados da vista do espectador[32].

A cena realista não tarda a fazer com que a iluminação seja um elemento integrado à cenografia, configurando uma única representação da realidade. O espaço fictício então representado é visto de modo linear, contínuo, que os olhos vão percorrendo pouco a pouco, mais ou menos à semelhança das pinturas renascentistas, que representavam cenas sob um infinito azul do céu. Uma luz aparentemente uniforme, integrada.

Em 1902, o cenógrafo Mariano Fortuny y Madrazo (1871--1949) desenvolve, na Alemanha, o "kuppelhorizont", uma meia-cúpula feita de seda ou gesso, que refletia luz sobre o palco, simulando o infinito (céu). Esse recurso daria origem ao ciclorama, tela semicircular, no fundo do palco, iluminada geralmente do topo e da base, empregada para efeitos de céu.

---

31 D. Bablet, op. cit., p. 294.
32 Idem, p. 295.

O ciclorama trouxe altura à cena, modificou a arquitetura do cenário e criou sensação de longínquo, de infinito. Fortuny também desenvolveu um sistema de cores, adaptando dispositivos nos refletores para colorir e difundir a luz, deixando-a mais suave. Na Alemanha, Lennebach e Hasait, entre outros, trouxeram mais contribuições técnicas, aperfeiçoando o ciclorama e os sistemas de controle.

A luz elétrica veio resolver definitivamente o problema da visibilidade, sobretudo nos teatros fechados, iniciando uma nova etapa marcada por interminável aprimoramento técnico.

A forte intensidade elétrica, com jatos direcionados, passou a interferir na composição visual do espetáculo e no modo de percepção do público. Provocou mudanças principalmente no conceito de espaço e cenografia.

A utilização de velas, nos períodos anteriores, não representava ameaças à cenografia pictórica: o ilusionismo dos telões pintados resistia, aparentemente, à luminosidade fraca, instável e atmosférica das chamas. Com a chegada da luz elétrica, houve mudanças radicais. Os telões pintados, que antes causavam efeito ilusionista, não mais conseguiam disfarçar sua artificialidade diante da intensidade elétrica. Era preciso rever os antigos conceitos de cenografia, agora sob novas condições de luminosidade.

No lugar das pinturas, surgiram os cenários construídos, os objetos tridimensionais, os volumes, rampas, paredes, escadarias, plataformas e praticáveis. A luz intensa, procedente de vários ângulos, revelava a tridimensionalidade dos corpos, comunicando uma realidade mais viva que os antigos telões.

Os refletores, projetados na forma de canhões cilíndricos para concentrar e direcionar o fluxo da luz, permitiam selecionar, enfatizar, aproximar ou distancar o objeto dos olhos. A intensidade da luz destacava a presença do ator, revelava detalhes do cenário, mostrava as superfícies, as texturas, os volumes, diferenciando as áreas claras e escuras das coisas. A luz inaugurava uma nova leitura do espaço, atenta às três dimensões, à diversidade de ângulos e ao poder concentrador ou distanciador.

Os projetores de lente plano-convexa, com seus focos de contornos muito marcados, permitiram os recortes definidos e a delimitação das diversas áreas do palco.

Para projeções de média e longa distância, surgiram os refletores elipsoidais, dotados de uma combinação de lentes capazes de reforçar o fluxo da luz e intensificar a precisão dos fachos. O elipsoidal, com seus focos e recortes acentuados, permitiu dar ênfase, criar territórios e aproximar o objeto do observador.

Os elipsoidais e os refletores de lente plano-convexa tornaram-se fortes aliados da iluminação expressiva, de poder concentrador sobre o objeto.

Para efeitos difusos e uniformidade no conjunto da luz, surgiram os refletores de lente de Fresnel e os refletores PAR (*parabolic aluminized reflector*), um conjunto reunindo lâmpada, espelho e lente, semelhante ao farol de carro.

Os refletores Fresnel, com um tipo de lente dotada de sulcos prismáticos concêntricos, através da qual se obtém uma luz muito constante, com bordas suaves, permitiram ampliar e espalhar a luz no palco, tornando-se eficientes para luz aberta e efeitos atmosféricos. A suavidade dos fachos e a propensão à fusão (mistura) e à continuidade da luz atenderam, sobretudo, à claridade profusa e constante, muito a gosto da cena naturalista.

O refletor de lâmpada PAR, geralmente para efeito aberto e difuso (embora também permita foco fechado), contribuiu para dar uniformidade e espalhamento, transformando-se rapidamente num equipamento indispensável.

Esses equipamentos básicos deram conta de iluminar o palco de modo profuso ou concentrado. Os recursos complementares (canhão seguidor, *setlight*, *moving light* etc.) seguiam a mesma oposição: para efeitos abertos ou fechados, quando não para as duas coisas, dependendo da necessidade.

Com todos esses recursos, a luz pôde destacar o gesto minúsculo do ator, os detalhes de expressão; as distâncias cênicas tornaram-se visíveis; os objetos e cenários adquiriram contorno, definição e plasticidade. Durante as falas dos atores, a emissão das palavras e as expressões do rosto tornaram-se perceptíveis mesmo de longe; as áreas mais críticas do espaço cênico, como os cantos e o fundo, tornaram-se mais próximas. A combinação de ângulos, direções, graus de abertura e de intensidade da luz permitiram pontuar e localizar os signos no espaço, direcionando o olhar do espectador para os focos de maior interesse.

A antiga preocupação em ocultar as fontes de luz foi rapidamente resolvida com os refletores instalados em varas internas e externas, sancas e torres laterais. Equipamentos dotados de lentes permitiam projeções de diversos ângulos por trás das bambolinas e de pontos instalados fora do alcance dos olhos.

Por incrível que pareça, porém, quanto mais ocultas ficaram as fontes, mais visível tornou-se a luz em cena. O uso abusivo de mutações, recortes, variação cromática e infinidade de efeitos, em vez de contribuírem para a invisibilidade da luz em cena em muitos casos só vieram reforçar ainda mais a sua presença, transformando a luz num atrativo à parte, com o poder de escolher, de enfatizar, de suprimir, enfim, de editar a cena. Um procedimento de caráter expressivo, certamente reforçado por influências sobretudo do expressionismo e do cubismo.

Os equipamentos básicos da iluminação cênica, criados para fins difusos e concentradores, acompanharam as predominâncias estilísticas da cena no século xx: a analogia e a convenção.

A encenação de tendência realista-naturalista, criada com base na analogia com a realidade, deu mais importância à profusão da luz, à luz geral branca e aos efeitos atmosféricos para integrar a luz à cena como elemento de descrição da realidade. Efeitos de luz localizada poderiam ocorrer, mas desde que obedecessem a causas lógicas como, por exemplo, a presença de um abajur no canto da sala criando pontos de luz localizada ou a presença de uma vidraça com reflexos vindos de fora.

A encenação descompromissada com a imitação, voltada principalmente para a representação simbólica e para os processos discursivos, priorizou a síntese de luz, os recortes e focos localizados.

Entre esses dois extremos, porém, surgiu um meio-termo, caracterizando uma grande quantidade de espetáculos que utiliza a luz ora para fins imitativos, ora para fins expressivos e discursivos.

Resolvida a questão da luz para fins de visibilidade, a discussão tomou outro rumo: o que fazer com todos os recursos que foram inventados ou, mais precisamente, qual seria o papel da luz em relação à cena?

A fabricação de equipamentos sobretudo para fins de luz concentrada parece ter vindo em resposta a uma tendência generalizada de que a luz, no teatro, desempenhava uma forte função expressiva.

Essa função se evidenciava não só no aspecto discursivo (a luz como elemento estruturante do espetáculo, em que se fazem escolhas e seleções arbitrárias), mas também no aspecto persuasivo, centrado no espectador, na percepção – nesse caso, com um deslocamento da subjetividade: a iluminação não para selecionar o que deve ser visto segundo o sujeito que narra, mas o que o espectador, como sujeito, deveria ver.

Nos dois casos, a luz representava o *olhar externo*, ora contemplando o ponto de vista do encenador ou iluminador, ora contemplando o olhar do espectador.

Outra tendência, também de finalidade expressiva, buscava centralizar a luz no objeto a ser visto. Serviria para esculpir, realçar e abordar o objeto nas três dimensões, nas suas formas, linhas, contornos, bordas e superfícies. O objeto como tal, desde um gesto, um movimento, um par de luvas ou um chapéu, tenderia a crescer e a adquirir importância no conjunto visual por meio da luz.

Tais procedimentos, influenciados pelo cinema e por estilos que marcaram época na arte do século xx, repercutem até hoje nos palcos. Em muitos casos, o abuso dessas heranças, de forma descontextualizada, tem se pautado pelo embelezamento e espetacularização da luz, transformando-a num objeto de atenção à parte.

As mesas de controle computadorizadas, as possibilidades de simulação em imagens virtuais, a quantidade de programas e softwares que surgiram para facilitar a elaboração dos desenhos e planos de luz constituem conquistas imprescindíveis.

A iluminação, primeiramente vinculada às atribuições do diretor, do cenógrafo ou coreógrafo, transformou-se num setor especializado da produção.

Na década de 1970, ganha importância a figura do iluminador, do *designer*, encarregado de conceber um projeto capaz de definir equipamentos, localização de fontes, estabelecer combinações, calcular quantidade de quilowatts, definir focos e ângulos, além de analisar o espetáculo e propor um estilo e um modo adequado de iluminá-lo.

INTERESSE PELO ESTUDO DA ILUMINAÇÃO

Com a evolução técnica e a importância da luz como meio de expressão no espetáculo, aumentou também o interesse pelo seu conhecimento na teoria e na prática. Até a década de 1970, eram poucos os que se interessavam pelo conhecimento mais aprofundado da iluminação cênica, não obstante alguns livros específicos que haviam sido publicados em língua inglesa. Nos programas dos cursos superiores, encontros e festivais de teatro, a ênfase recaía quase sempre sobre o trabalho do ator, abordando questões de interpretação, expressão corporal, exercícios vocais e aspectos teóricos de semiologia e teorias teatrais. Os programas voltados para as questões técnicas, de sonoplastia e iluminação, eram mais raros e atraíam um número muito pequeno de interessados.

A partir da década de 1980, o estudo da iluminação cênica passou a despertar mais interesse. Atores, bailarinos, diretores e coreógrafos começaram a investigar mais profundamente a luz, como algo diretamente vinculado aos seus processos de criação. Em pouco tempo, começaram a proliferar os cursos e oficinas com o objetivo de demonstrar os equipamentos, os diversos tipos de refletores e lâmpadas, as possibilidades de criação e os primeiros passos na construção de um *design*. Por essa época, aliás, o termo *design* já aparece de forma generalizada nas publicações em língua inglesa.

A expressão *lighting design* é relativamente recente, pelo menos nos livros. Em 1970, Richard Pilbrow publicou *Stage Lighting* (Iluminação Cênica); na época, a expressão *lighting design* ainda não era frequente nos títulos; em 1997, Pilbrow publica nova versão do livro, já acrescentando a palavra *design* no título.

Em 1976, Francis Reid publica seu manual, dedicando um capítulo de cinco páginas ao que, então, considerava "os primeiros passos ao *lighting design*"[33]. A partir da década de 1980, os títulos que se referem à iluminação cênica adotam quase invariavelmente a expressão *stage lighting design* como algo já inserido no jargão técnico[34].

---

33 *The Stage Lighting Handbook*, p. 39.
34 Cf. D. Hays, *Light on the Subject*; R. H. Palmer, *The Lighting Art* e C. Swift, *Introduction to Stage Lighting*.

O *design* implica planejamento, organização e estruturação das diversas etapas da iluminação cênica. Para Reid "objetivo" mais "equipamento" mais "*design*" é igual a "iluminação"[35]. Na opinião de David Hays, o design resulta da combinação de percepções e escolhas[36]. Richard H. Palmer diz que o *design* surge de um processo mental a partir da habilidade que o iluminador possui de visualizar a luz, com a possibilidade de recorrer aos *storyboards* e à computação gráfica[37]: "O *design* é o planejamento de algo apropriado a uma necessidade; cria-se um padrão de luz, uma composição, um arranjo de partes que se relacionam entre si"[38].

Pilbrow conta que, em seu país de origem, Inglaterra, a iluminação esteve por muito tempo sob responsabilidade do diretor do espetáculo; já nos Estados Unidos, a luz ficava aos cuidados do cenógrafo, a exemplo de Svoboda, na Tchecoslováquia. Atualmente, diz ele, nos Estados Unidos, Inglaterra e em muitos países, a luz é estabelecida como elemento separado da produção, sob controle do *lighting designer*[39]. Essa separação se dá principalmente pela complexidade que envolve a sofisticada tecnologia da luz e o tempo necessário para planejar a utilização desses recursos.

Em geral, o processo de criação da cena precede o da luz. Por mais que o *designer* acompanhe as transformações da cena desde o início dos ensaios, seu trabalho de criação apoia-se em mapeamentos, desenhos, *storyboards* e simulações que acabam constituindo uma releitura da cena.

O *design* não é a cena propriamente dita, mas algo que se cria a partir dela, inclusive com a possibilidade de modificá-la. A cor, por exemplo, é um dos modificadores: influencia a percepção de forma, a habilidade de distinguir detalhes, além de interferir na maquiagem, no cenário e no figurino[40]. Outras sugestões de *design* também alteram a impressão da cena: o uso da fumaça interfere no modo de transmissão da luz, produzindo efeitos atmosféricos que alteram as relações dos corpos no espaço.

---

35 Op. cit., p. 39.
36 Op. cit., p. 85.
37 Op. cit., p. 211.
38 Idem, p. 124.
39 Op. cit, p. 33.
40 Cf. R. H. Palmer, op. cit., p. 8.

O que todos os livros costumam dizer, em acordo com os físicos, é que a relação entre luz e cena implica a interação física entre luz e matéria. Há diferenças entre prever o efeito da luz sobre a cena, por meio de simulações, e o resultado concreto da luz no palco, quando radiações eletromagnéticas passam a interagir com o eletromagnetismo dos corpos. A experiência não se resume apenas no envio da luz, mas na resposta dos corpos, sobretudo em termos de reflexo, absorção e refração.

A codependência entre luz e cena não é tratada diretamente nos livros, embora alguns autores mencionem essa relação usando outras palavras. Em *The Lighting Art* (A Arte da Iluminação), Richard Palmer discute padrões visuais preexistentes na cena e as modificações produzidas por meio dos padrões de luz determinados pelo *design*. Ao falar sobre percepção e composição, menciona indiretamente a questão interativa entre luz e matéria, quando se refere à percepção da forma no espaço e quando discute aspectos relacionados à textura, às bordas e contrastes nas superfícies. Seu livro convida o leitor a uma série de experiências com recortes de figuras geométricas que sofrem alterações conforme se expõem à luz.

Os corpos possuem energia contida que desprende ou libera elétrons, os quais vibram em resposta às radiações. Tal observação explica por que os resultados da luz não dependem unicamente da emissão externa, mas das interações que a luz estabelece com os corpos que ilumina. Essa vinculação luz-matéria jamais deixa de existir, sejam quais forem as intenções de ordem ficcional e discursiva atribuídas à luz.

O ensino de iluminação cênica nas universidades americanas estimulou a produção editorial. Mais de uma centena de novos títulos foram publicados, além de algumas reedições e livros de áreas afins (arquitetura, *design*, programação visual, fotografia e cinema).

LIVROS SOBRE ILUMINAÇÃO CÊNICA

O primeiro estudo sistemático de iluminação cênica apareceu nos Estados Unidos em 1932, com a publicação de *A Method of Lighting the Stage* (Método de Iluminar o Palco), de Stanley

McCandless, da Yale University School of Drama, considerado por muito tempo uma das principais referências para os iluminadores, pesquisadores e *lighting designers*.

Palmer comenta que o método de McCandless influenciou várias gerações e foi tido como a bíblia dos iluminadores na época e objeto de estudo nas escolas de teatro nos Estados Unidos[41]. Embora até hoje não tenha sido traduzido para o português, o método de McCandless acabou chegando aos nossos palcos, pela adoção de procedimentos difundidos na prática teatral do mundo todo, sob influência do teatro americano.

O método parte de quatro propriedades da luz: intensidade, cor, forma e movimento[42]. Propõe uma fórmula básica de iluminar o palco italiano a partir da divisão do espaço em áreas de atuação. Além disso, sugere o uso de focos cruzados (com diferenças de intensidade e cor para evitar achatamento), emprego de recursos suplementares para iluminar pontos fora das áreas estabelecidas, uso de contraluz para criar uma "cortina de luz", iluminação de ciclorama para compor o cenário de fundo e luz lateral sobretudo para não interferir nas projeções.

O princípio de estruturação simétrica da luz, a combinação de focos cruzados e a contraposição de cores frias e quentes provêm do método de McCandless que, por várias décadas, vigorou como o único estudo planejado de iluminação cênica. Ele também escreveu A *Syllabus of Stage Lighting* (Programa de Estudos de Iluminação Cênica), de 1931, no qual estabelece as quatro funções da iluminação cênica: visibilidade, localização, composição e *mood*. Das diversas conferências que realizou na Yale University surgiu o manual explicativo de termos e conceitos ligados à iluminação, publicado sob o título de A *Glossary of Stage Lighting* (Glossário de Iluminação Cênica), de 1926.

Na área específica da dança, a experiência pioneira coube a Jean Rosenthal (1912-1969), responsável pela iluminação da companhia de Martha Graham entre 1934 e 1968. Rosenthal foi aluna de McCandless durante três anos. Além de iluminar os espetáculos de dança de Graham, realizou projetos para vários musicais da Broadway, como *West Side Story* (Amor, Sublime

41 Op. cit., p. 182.
42 Idem, p. 2.

Amor, 1957), *The Sound of Music* (A Noviça Rebelde, 1959), *Barefoot in the Park* (Descalços no Parque, 1963), *Hello, Dolly!* (1964), *Fidler on the Roof* (Um Violinista no Telhado, 1964) e *Cabaret* (1966).

Jean Rosenthal deu importância à luz lateral, à projeção em ângulo baixo e à contraluz para efeito de silhueta dos bailarinos. Enquanto McCandless enfatizava a importância da luz frontal, para fins de visibilidade do rosto e da fala do ator, Rosenthal desvendava os efeitos plásticos e as qualidades emocionais da luz, por meio de escolhas que priorizavam a dimensionalidade e a plasticidade do corpo.

A experiência profissional de Rosenthal durante mais de trinta anos, criando *designs* para grandes companhias, foi transformada em livro apenas em 1972, três anos após sua morte, com a publicação de *The Magic of Light* (A Magia da Luz), assinado em parceria com Lael Wertenbaker.

O livro traz uma sequência de *storyboards* com várias possibilidades de incidência de luz sobre o corpo e as respectivas descrições técnicas e comentários sobre os efeitos obtidos.

Conforme relatos da autora, os equipamentos padronizados nos teatros europeus até meados da década de 1940 consistiam de luz frontal projetada de fora do palco, com a finalidade de dar visibilidade a uma área de aproximadamente dois metros a partir do proscênio, além de torres para luz lateral e carreiras de luz colorida. A disposição dos refletores priorizava a visibilidade, mas em detrimento da dimensionalidade; a luz de cenário era achatada e sem profundidade ou *mood*[43].

O sistema de iluminação proposto por Rosenthal modificou a imagem que, até então, vigorava nos balés. Suas inovações logo despertaram a ira dos coreógrafos europeus. O sistema de Rosenthal requeria provimento de luz em todas as entradas laterais, de modo que o palco todo pudesse ser iluminado dos lados, mas com a flexibilidade de permitir também corredores iluminados separadamente. A maioria dos seus roteiros requeria quatro torres de cada lado do palco, com duas lâmpadas no mínimo em cada torre (na Companhia de Martha Graham chegou a usar até seis refletores em cada torre). Em seus planos

---

43 Op. cit., p. 117.

básicos usava entre seis e doze refletores na vara externa, quinze na primeira vara interna do palco e cinco nas demais varas internas, além das torres laterais. Para as varas externas dava preferência aos refletores elipsoidais; nas torres laterais costumava usar os refletores de lente Fresnel, que davam mais uniformidade à luz.

As referências de ordem técnica no livro de Rosenthal, sobre refletores e sistemas de operação, podem ser consideradas obsoletas atualmente, porém as suas concepções de *design* constituem referências básicas na iluminação da dança, onde a bibliografia específica é quase inexistente. Nessa área, destacam-se alguns títulos, como: *The Nikolais Louis Dance Technique: A Philosophy and Method of Modern Dance* (A Técnica de Dança de Nikolais/Louis: Filosofia e Método de Dança Moderna), de Murray Louis e Alwin Nikolais (2004), *Loïe Fuller: Goddess of Light* (Loïe Fuller: Deusa da Luz), de Richard Current e Marcia Ewing Current (1997), *Staging Dance* (Encenação de Dança), de Susan Cooper e Susan Cooker (1998), *Dance, Space and Subjectivity* (Dança, Espaço e Subjetividade), de Valerie A. Brigishaw (2001), *Dance: The Art of Production* (Dança: A Arte da Produção), de Joan Schlaich e Betty DuPont (1998) e, mais recentemente, o excelente texto de Ann Cooper Albright *Traces of Light: Absence and Presence in the Work of Loïe Fuller* (Traços de Luz: Ausência e Presença na Obra de Loïe Fuller), publicado em 2007.

O livro de Rosenthal contempla não apenas a iluminação de dança e teatro, mas também os espetáculos musicais e a própria ópera, pelos quais transitou em sua experiência como iluminadora.

Dentre os pioneiros, além de Rosenthal, outro iluminador e pesquisador que também se dedicou ao registro da iluminação em dança foi o americano Tom Skelton (1928-1994), assinando trabalhos do The American Ballet Theatre, The Joffrey Ballet, The New York City Ballet e The Ohio Ballet. O método de Skelton foi publicado em *Dance Magazine* (1956), sob o título de "The Handbook for Dance Stagecraft" (Manual para Dança Cênica).

Skelton propõe doze áreas para iluminar espetáculos de dança, com um mínimo de quinze refletores, enfatizando as laterais, as diagonais e as luzes que definem frente, centro e fundo do palco. De cada lado, há pelo menos quatro fontes de luz, divididas em três combinações: duas para lateral e diagonal e uma para atender à dimensão de profundidade.

Em teatro, Skelton assinou o desenho de luz de *Marat Sade*, de Peter Weiss, que se passa num asilo de loucos, criando uma textura de luz que propunha contrastes na composição, entre áreas brilhantes e silhuetas[44].

O método de McCandless no teatro, a experiência pioneira de Jean Rosenthal na dança e as inovações propostas por Tom Skelton tiveram influência inquestionável sobre os estudos que vieram a seguir. Não é possível ignorar a experiência desses pioneiros, que deixaram marcas visíveis na prática de iluminação cênica das últimas décadas.

A partir de 1970, vários livros são publicados, com ênfase principalmente nos aspectos técnicos da iluminação. Poucos são os títulos que se propõem a analisar o conceito de luz e seus processos de criação. Em geral, são manuais práticos que descrevem equipamentos, programas e possibilidades computadorizadas, com farta terminologia técnica. Em muitos casos, são relatos de experiências que dão continuidade a tudo o que fora feito antes, mas que omitem as origens ou as ignoram. Não obstante esses lapsos históricos, há referências consideráveis.

Francis Reid propõe, em *The Stage Lighting Handbook*, quatro funções básicas da luz: visibilidade, dimensão, seletividade e atmosfera.

Ao analisar a distribuição dos focos, Reid retoma a noção de área de atuação proposta por McCandless e o modelo de incidência por pares cruzados da esquerda e direita. Embora acrescente alguns parâmetros redutivos e amplie as noções expostas no método de McCandless, a análise proposta por Reid ainda é do ponto de vista da percepção: a luz como recurso externo que deve integrar-se à cena.

Reid inicia o seu livro dizendo que a comunicação entre o ator e o público depende de som e luz e que a tarefa primordial da iluminação cênica é permitir a visibilidade; em seguida, analisa a luz como recurso fundamental para ressaltar

---

44 Cf. R. H. Palmer, op. cit., p. 135-136.

a tridimensionalidade da cena, estabelecer recortes seletivos e produzir impressões, por meio de efeitos atmosféricos. Esses quatro objetivos da iluminação cênica (visibilidade, dimensionalidade, seletividade e atmosfera) interagem entre si, e a predominância de um sobre o outro depende de cada situação específica[45].

Para iluminar, por exemplo, as três áreas anteriores do palco (esquerda, centro e direita), Reid sugere pelo menos seis refletores dispostos numa única vara de luz, instalada a uma certa distância dessas áreas, cruzando o primeiro refletor com o quarto, o segundo com o quinto e o terceiro com o sexto[46]. As respectivas contraluzes seguiriam os mesmos padrões de distância entre vara de luz e área de atuação, rebatendo focos também cruzados (no esquema um com quatro, dois com cinco e três com seis).

A proposta de Reid é satisfatória: os cruzamentos a 45º na vertical e na horizontal, tanto na luz frontal quanto na contraluz, impedem a indesejável ortogonalidade dos efeitos chapados e prioriza os efeitos inclinados e oblíquos, mais favoráveis à continuidade e à valorização dos aspectos dimensionais.

O livro de Reid é objetivo e recomendável principalmente àqueles que estão começando a se interessar pela iluminação cênica. Traz uma série de ilustrações, glossário explicando a terminologia técnica e descrição de efeitos, numa tentativa de descrever a aplicação técnica da luz.

Outra contribuição importante para o estudo da iluminação cênica é *The Lighting Art*, de Richard H. Palmer, publicado em 1985. Embora Palmer trate a luz do ponto de vista da percepção e da construção visual, o que há de novo em sua abordagem é a articulação entre forma e conteúdo, a partir de explicações que não se limitam à cena, mas buscam conceitos e contribuições de outros domínios das artes visuais. Por outro lado, amplia o assunto, ao incluir discussões sobre cérebro, percepção visual, espaço, movimento, harmonia e cor, para depois chegar à questão do *design*.

Ao contrário de quase toda a bibliografia corrente, o estudo de Palmer não se detém apenas na descrição das inovações

---

45 Oo. cit., p. 3-6.
46 Idem, p. 81.

LUZ E ILUMINAÇÃO

tecnológicas e na formulação de desenhos; busca entender a luz como interferência na composição visual, investigando aspectos da psicofísica e a contribuição de áreas afins.

Ao analisar as relações entre luz, olho e cérebro, Palmer destaca três aspectos relevantes: intensidade, cor do iluminante e uso da luz como reforço da percepção espacial.

Nosso julgamento sobre brilho é produto de uma intensidade relativa de estímulos no campo visual ou de nosso nível prévio de adaptação [...] Entretanto, mesmo os julgamentos relativos são mais baseados em proporções e relações que em diferenças absolutas de intensidade[47].

O cérebro não responde de modo neutro às informações que chegam aos olhos, mas impõe uma espécie de "filtro de experiência" aos dados brutos que chegam, de modo tal que multiplica as sensações e permite novos encontros conforme a experiência prévia[48].

Às quatro propriedades da luz propostas por McCandless (intensidade, cor, forma e movimento), Palmer acrescenta direção, difusão, frequência e luminosidade. Quanto às funções da iluminação cênica, enquanto McCandless fala em visibilidade, naturalismo, composição e *mood* – classificação adotada também por Francis Reid, embora com outra terminologia[49] –, Palmer acrescenta outras quatro: cor, aspecto, ritmo e estilo. Por outro lado, chama a atenção para a articulação entre a luz e os componentes visuais da cena: as mudanças de luz em formas tridimensionais altera a aparência dessas formas[50].

Nos últimos vinte anos, a evolução técnica desencadeou uma relação infindável de manuais práticos, ensinando como lidar com os novos equipamentos e sistemas computadorizados.

Linda Essig, professora de *lighting design* da Universidade de Wisconsin-Madison, em *The Speed of Light* (A Velocidade da Luz), de 2002, discute com vários iluminadores e engenheiros a introdução da memória computadorizada nos Estados Unidos, na década de 1970, a partir da montagem de *A Chorus Line* (1975), na Broadway, e as inovações técnicas que surgiram

47 Op. cit., p. 69.
48 Idem, ibidem.
49 Op. cit., p. 3-6.
50 Op. cit., p. 8.

32 FUNÇÃO ESTÉTICA DA LUZ

posteriormente. Segundo relatos de seu livro, o computador já havia sido utilizado na iluminação, em 1960, por Peggy Clark, no Los Angeles Civic Light Opera[51].

A velocidade da luz diz respeito à rapidez das inovações tecnológicas no teatro e à necessidade de se renovar constantemente a noção de *design*. O livro reúne depoimento de vinte entrevistados que relatam suas experiências e discutem as mudanças ocorridas na concepção de *design* de luz nos Estados Unidos nas duas últimas décadas do século XX, desde a chegada do controle computadorizado, a introdução dos *moving lights* (equipamentos motorizados) e outros inventos da automação.

O livro de Linda Essig é uma fonte excelente de historiografia tecnológica para professores, alunos e profissionais de iluminação interessados nos sistemas de *backup*, protocolos de controle e políticas de fabricação. O formato de entrevistas e diálogos constitui uma historiografia informal sobre a recente evolução da iluminação cênica nos Estados Unidos, dentro e fora da Broadway.

Em 2005, Linda Essig publica *Lighting and the Design Idea* (Iluminação e a Ideia de Projeto), em que coloca seus próprios conceitos e discute as funções e propriedades da iluminação cênica, os elementos de composição, a forma, o estilo e o gênero.

Um texto mais didático e objetivo sobre as técnicas de iluminação cênica é publicado em 2003: *Scene Design and Stage Lighting* (Projeto de Cena e Iluminação Cênica), de W. Oren Parker, Craig Wolf e Dick Block. Em linguagem simples e direta, o livro apresenta aspectos técnicos e descreve os elementos do *design*. Cada capítulo aborda uma questão diferente, imprescindível àqueles que pretendem se iniciar na área de iluminação cênica, considerando as relações entre a luz e os demais códigos cênicos.

Contrariando a febre tecnológica de pilhas de livros, manuais, revistas e periódicos sobre iluminação cênica, David Hays já havia lançado, em 1988, seu *Light on the Subject* (Luz sobre o Assunto), um estudo sobre percepção e compreensão da luz, a partir das relações entre a luz cênica e a experiência

---

51 Cf. *The Speed of Light*, p. 5-7.

cotidiana com a luz natural. A ilustração da capa, com o quadro de Vermeer, *Young Woman with a Water Jug* (Jovem Mulher com um Jarro de Água), de 1662, e o prefácio assinado por Peter Brook já sugerem uma abordagem contrária à avalanche de títulos de caráter tecnicista.

Hays investiga os processos criativos a partir de suas experiências, ao lado de diretores de cinema como Arthur Penn, em *The Miracle Worker* (O Milagre de Anne Sullivan), *Bonnie and Clyde* e *Little Big Man* (Pequeno Grande Homem) e Elia Kazan, em *A Streetcar Named Desire* (Uma Rua Chamada Pecado), com o diretor da Broadway José Quintero que encenou várias peças de Eugène O'Neill, Thornton Wilder e Tennessee Williams e o coreógrafo George Balanchine. *Light on the Subject* traz algumas abordagens ainda não exploradas em iluminação cênica: a subjetividade e as relações entre luz e literatura. Quando muitos autores buscam na pintura uma explicação, Hays resgata a descrição literária, o que os poetas e romancistas dizem sobre os estados e as condições de luz na natureza.

Hays não prioriza a descrição técnica; ao contrário, propõe ao leitor uma incursão literária, citando diversos escritores que servem como ponto de partida para descrever situações de luz, numa abordagem original e elucidativa.

Richard Pilbrow não abdica totalmente do método sugerido por McCandless, mas envereda por um caminho próprio, enfatizando a necessidade de se criar uma atmosfera tridimensional em torno do ator. Ao contrário de McCandless, a abordagem de Pilbrow não prioriza a luz motivada e criada para fins simulativos; seu estudo parte do princípio de que deve existir uma "ideia fundamental" capaz de fornecer a chave para a criação do *design*.

A concepção de Pilbrow, centralizada em torno de uma ideia comum, e não de motivações de ordem naturalista, revela uma preocupação em libertar a luz de sua escravidão descritivista, para atingir a condição de componente orgânico da cena com a função precípua de dar corpo à ideia mais que simplesmente criar efeitos imitativos. De certo modo, Pilbrow retoma a preocupação do cenógrafo americano Robert Edward Jones, para quem a iluminação deveria iluminar as ideias do texto. O livro de Pilbrow, ao contrário da maioria, descreve a técnica, mas não deixa de abordar a questão do conceito da luz no teatro e sua evolução ao longo da história.

O conceito de iluminação como algo integrado à cena também se faz presente em *Designing with Light* (Projetando com Luz), de J. Michel Gillette, publicado em 1989, no qual a proposta é relacionar a luz à visão do autor, à concepção do diretor e à atuação do ator.

A literatura sobre iluminação cênica vem se expandindo nos últimos anos, predominantemente em língua inglesa. Há um crescente número de publicações não só em livros, mas também em revistas especializadas, sobretudo na Inglaterra e nos Estados Unidos. Nesses países, o interesse pela pesquisa e publicação se deve, em grande parte, à proliferação dos cursos de artes cênicas nas universidades e à inclusão de *lighting design* nas suas matrizes curriculares, em níveis de graduação e pós-graduação.

As publicações sobre *lighting design* em inglês, disponíveis não só para o mercado interno dos Estados Unidos, Canadá, Inglaterra e Austrália, mas para aquisição via web, percorrem os continentes e difundem a informação entre iluminadores e pesquisadores de todas as partes do mundo. São livros recheados de imagens, gráficos e sugestões de *softwares* para simulações e *storyboards* que auxiliam na elaboração dos *designs*.

Em língua alemã, a principal referência na área técnica é Max Keller, que praticamente foi quem introduziu a profissão de *lighting designer* na Alemanha, em 1975, quando atuava no Departamento de Iluminação do Staatliche Schauspielbühnen de Berlim. Em 1984, Keller publica o seu primeiro texto sobre iluminação cênica (*Hadbuch der Bühnenbeleuchtung*, traduzido para o inglês como *Stage Lighting* [Iluminação Cênica]); seu trabalho mais definitivo, porém, é o livro *Faszination Licht* (Fascinação Com Luz), de 1999, publicado nos Estados Unidos em 2004, sob o título de *Light Fantastic* (Luz Fantástica), no qual discorre sobre a origem e a evolução da luz no teatro, além de abordar aspectos de óptica, tipos de equipamentos, técnicas de projeção e modelos para elaboração de *design*. O volume contém mais de quinhentas ilustrações focalizando teatro, óperas, balés e concertos de rock. É uma referência mundial imprescindível para quem estuda iluminação cênica.

Em português, há uma publicação das ideias de Max Keller na edição nº 22 do periódico *Espaço Cenográfico News*, de 2005, sob o título "A História da Luz no Teatro".

Depois de Rosenthal, Max Keller parece ser um dos primeiros a retomar, com propriedade, a questão da quantidade de ângulos necessária para iluminar o ator. Keller fala na possibilidade de a luz captar o ator sob seis ou, então, oito ângulos diferentes.

Dentre os livros predominantemente práticos, em inglês, poderíamos citar o *Stage Lighting Revealed* (Iluminação Cênica Revelada), de Glen Cunningham, publicado em 1993, empenhado em descrever as funções da luz, o desenvolvimento do *design,* os equipamentos e processos de produção e montagem; o livro de Steven Louis Shelley, intitulado *A Practical Guide to Stage Lighting* (Guia Prático para Iluminação Cênica), publicado em 1999 e dividido em três partes: revisão e definições, preparação e uso dos instrumentos; o *Introduction to Stage Lighting* (Introdução à Iluminação Cênica), de Charles Swift, publicado em 2004, que se dedica a descrever os instrumentos, esclarecer as terminologias e analisar a manipulação da luz e os processos colaborativos; o *Stage Lighting Design* (Projeto em Iluminação Cênica), guia prático de Neil Fraser, publicado em 2007, apresentando questões técnicas de modo muito didático, com exercícios e ilustrações. Nesse mesmo ano, Nick Moran publica *Performance Lighting Design* (Projeto de Iluminação em Performance), no qual analisa a luz na performance e seus aspectos conceituais e técnicos.

Em francês, a abordagem estética é mais relevante que os livros técnicos, que geralmente são traduções do inglês. Mesmo assim, há títulos básicos sobre técnica, como o *Lumière pour le spetacle* (Luz Para o Espetáculo), de François-Éric Valentin, publicado em 1994, que aborda a linguagem da luz a serviço da dramaturgia, analisa os elementos visuais, a cor e os materiais indispensáveis para criar e regular a luz; o *Éclairage de scène automatisé et commande DMX* (Iluminação Cênica Automatizada e Controle DMX), de Benoit Bouchez.

A principal contribuição em francês, porém, vem dos estudos de Denis Bablet sobre a concepção de luz, desde os teóricos do início do século XX até Joseph Svoboda, Tadeuz Kantor,

Peter Brook, Ariane Mnouchkine, Giorgio Strehler e Robert Wilson. São estudos que transcendem a abordagem técnica em busca de uma explicação da luz como componente estético da cena.

No livro *Svoboda* (1970), Bablet faz um estudo detalhado do trabalho do cenógrafo e iluminador tcheco, desde a sua formação à criação do espaço psicoplástico, as relações entre cena e imagem, a utilização de várias projeções simultaneamente, em busca de uma unidade entre corpo e luz. Bablet descreve cada um dos trabalhos de Svoboda realizados até o final da década de 1960, os principais recursos usados (da lanterna mágica aos écrans, espelhos, texturas, opacidades e brilhos).

Em língua portuguesa, a produção editorial é escassa. Na década de 1960, a única publicação técnica de que se tinha notícia, no Brasil, sob a forma de apostila, era o livro *Eletricidade Básica para Teatro*, de autoria de Hamilton Saraiva, diretor teatral, iluminador e professor da Escola de Comunicação e Artes, da USP.

Hamilton Saraiva (1934-2005) sempre pesquisou a iluminação cênica na sua atividade como diretor e professor. Seus escritos, vinculados à dissertação de mestrado apresentada em 1990, sob o título *Iluminação Teatral: História, Estética e Técnica* e à tese de doutorado, apresentada em 1999, sob o título *Interações Físicas e Psíquicas Geradas pelas Cores na Iluminação Teatral*, são contribuições fundamentais que continuam inéditas em livro.

Várias gerações de alunos, hoje muitos profissionais de iluminação, começaram seus estudos a partir das aulas, oficinas e palestras que Saraiva ministrou no Brasil e exterior. Seu nome tornou-se referência nacional, mesmo sem ter publicado em vida as pesquisas valiosíssimas que desenvolveu sobre luz.

Outra referência bibliográfica é a do diretor e iluminador Gianni Ratto (1916-2005), autor do *Antitratado de Cenografia*, publicado em 1999, em que descreve vários aspectos de cenografia e luz, com ilustrações, análises e relatos sobre iluminação cênica.

Em 2001, o teórico, crítico e ensaísta Edelcio Mostaço realiza uma conferência no Itaú Cultural cujo tema é *Aspectos da Iluminação no Teatro: Eixo Rio-São Paulo*, focalizando intensidade, cor, distribuição e movimento. Apesar de ser um texto curto, traça uma trajetória da iluminação no teatro brasileiro desde a encenação de *Vestido de Noiva*, na década de 1940, passando pelas experiências radicais da década de 1960, até os dias de hoje. O texto de Mostaço é um ensaio preliminar, o único talvez, de uma análise que ainda não se tem sobre a história da iluminação no teatro brasileiro.

Em 2006, a iluminadora Jamile Torman publica o *Caderno de Iluminação: Arte e Ciência*, que aborda a história da iluminação, a natureza da luz, a percepção do olhar, as cores, os aspectos da eletricidade, a descrição dos equipamentos, filtros, plano de luz, montagem e afinação de luz. Um livro técnico, resultado da atividade profissional e do trabalho acadêmico da autora, vinculado aos programas de pós-graduação em iluminação cênica.

No âmbito das dissertações e teses, é importante citar *À Luz da Linguagem*, da diretora e iluminadora Cibele Forjaz, apresentada no programa de mestrado da ECA-USP em 2008, que traça um panorama histórico da iluminação teatral, desde a luz para fins de visibilidade até a chegada da eletricidade, o surgimento da encenação, o naturalismo, o simbolismo e a luz como linguagem. O texto de Cibele resulta de uma ampla pesquisa exploratória, trazendo informações importantes numa linguagem objetiva, de quem não só lê sobre luz, mas tem conhecimento de seu uso, na prática profissional.

No âmbito específico da criação, existem poucos títulos, tanto em livros quanto em teses. A bibliografia em inglês é predominantemente técnica, abordando as inovações de equipamentos, busca de efeitos e sugestão de *designs*. Por esse caminho também se orientam a maioria das produções acadêmicas, não só no Brasil como em outros países de língua portuguesa.

No Brasil, as revistas especializadas trazem frequentemente entrevistas e reportagens com iluminadores relatando suas experiências, porém a ênfase das publicações quase sempre recai sobre a descrição de novos modelos de fabricação de aparelhos e o *merchandising* de firmas especializadas em venda e locação.

Para um estudo mais aprofundado no âmbito da criação, ainda é preciso recorrer a obras de outras áreas artísticas que também se ocupam da luz e relacioná-las com o teatro. Dentre estas, destacam-se os seguintes livros: *Lighting Revealing*

Architecture (Luz Revelando Arquitetura), de Marietta S. Millet, publicado em 1996; *The Architecture of Light* (Arquitetura da Luz), de Sage Russell, publicado em 2008; *Art and Physics: Parallel Visions in Space, Time and Light* (Arte e Física: Visões Paralelas em Espaço, Tempo e Luz), de Leonard Shlain, editado em 1993; *Artificial Light*, de Matthew Luckiesh, publicado em 2007; *Illuminating*, de Michelle Corrodi e Klaus Spechtenhauser, de 2008; *Light Art from Artificial Light* (Arte da Luz a partir de Luz Artificial), de Peter Weibel e Gregor Jansen; *James Turrell: The Art of Light and Space* (James Turrell: Arte da Luz e do Espaço), de Craig Adcock, publicado em 1990; *Architectural Lighting: Designing with Light and Space* (Iluminação Arquitetural: Projetando com Luz e Espaço), de Hervé Descottes e Cecilia Ramos, publicado em 2011; e *The Architecture of Natural Light* (A Arquitetura da Luz Natural), de Henry Plummer, editado em 2009.

A luz como técnica domina o mercado editorial. A tecnologia digital propiciou um avanço rápido nos processos de notação, programação, mapeamentos e testes simulativos. Com os recursos virtuais, proliferaram no mundo todo livros, revistas e *sites* especializados. Diante da tela do computador, o iluminador refaz exaustivamente seus desenhos, troca cores, muda ângulos, enfim, exercita sua liberdade de escolha. O procedimento permite antecipar resultados e controlar situações de luz, ao contrário dos antigos esquemas bidimensionais.

2. Luz e Criação

A CENA NAS TRÊS DIMENSÕES: APPIA

Não é possível tecer considerações sobre a estética da iluminação cênica sem antes fazer uma retrospectiva histórica a partir das últimas décadas do século XIX, chegando até as experiências significativas mais recentes.

Alguns nomes importantes na história do teatro do século XX, entre encenadores, teóricos e cenógrafos dedicaram-se ao estudo da iluminação em alguma etapa de sua obra: Adolphe Appia, Gordon Craig, Max Reinhardt, Robert Edmond Jones, Komissarjévski, Artaud, Jessner, Fehling, Svoboda, Strehler, Chéreau, Kantor, Bob Wilson e Alwin Nikolais (dança).

De todos esses nomes, talvez Appia tenha uma importância à parte, por ter sido um dos pioneiros nas descobertas dos poderes da luz elétrica, com uma visão mais ampla sobre a luz como fenômeno estético e sua importância na articulação do espetáculo, na relação com o cenário ("espaço vivo"), o texto e o movimento. Conforme diz Bablet, "Ator, espaço, luz, pintura: todas as tentativas modernas de reforma cênica implicam esse ponto essencial, isto é, a maneira de tornar a luz todo-poderosa e, por meio dela, dar ao ator e ao espaço cênico o seu valor plástico integral"[1].

Artaud teria sido o mais radical, na sua visão simbólica e não figurativa da luz. Os expressionistas (Jessner, Fehling), os mais arbitrários; Svoboda, o experimentador da luz como elemento de projeção e Nikolais, o coreógrafo que integra movimento e luz; Robert Wilson, o encenador da luz panorâmica, de cromatismo e plástica.

Adolphe Appia (1862-1928), cenógrafo e teórico suíço, um dos principais representantes da corrente simbolista, propôs um teatro de atmosfera e sugestão, em que a luz desempenhava um papel fundamental.

Appia foi um dos primeiros a tomar consciência da contribuição que a luz poderia trazer à encenação, numa época em que a preocupação se voltava apenas para o uso da luz para reforçar a capacidade de ilusão das telas pintadas[2]. Considerava preocupante o predomínio da cenografia pictórica até mesmo sobre o ator, num momento em que grandes pintores eram requisitados para criação de cenários (Braque, Picasso, Matisse, Lautrec, Chirico, entre outros), impondo seus estilos.

Appia fazia restrições ao telão pintado principalmente por tratar-se de representação em imagem plana, bidimensional, que bem poderia ser substituído pela ilusão de espaço criado pela luz.

A luz empregada na tela do pintor, dizia, é estática, constante, permanente. Luz fixa, quando se sabe que a mobilidade é uma das principais características da iluminação cênica (aspecto que os expressionistas não tardariam a explorar).

A cenografia de pintores contrariava a noção de "espaço vivo" e da cor em movimento – fatores significativos para diferenciar o teatro das artes planas. A luz, na pintura e na fotografia, capta um momento e o eterniza. É uma luz estática, congelada no tempo, sem o dinamismo da luz cênica. A pintura trabalha com ficção sobre uma tela plana, bidimensional; o palco é o lugar da tridimensionalidade, sujeito a evoluções no tempo. Para explorar os valores emocionais da luz, a qualidade atmosférica e o poder de acentuar os momentos

---

1 D. Bablet, A Encenação e a Cenografia Expressionistas, em J. R. Redondo Júnior (org.), *O Teatro e a Sua Estética*, v. I, p. 298.

2 Cf. J-J. Roubine, *A Linguagem da Encenação Teatral*, p. 118.

dramáticos, Appia propunha a criação de um espaço cênico mais livre, não condicionado à bidimensionalidade, com utilização de plataforma, blocos e formas abstratas, em que a luz pudesse demonstrar seu poder cenográfico.

Para Appia, a unidade plástica e escultural do espetáculo subordina-se à luz, capaz de aglutinar todos os componentes cênicos. Expressão perfeita da vida, a luz deveria representar no espaço o que os sons representavam no tempo.

Foi o primeiro a empregar projeções como meio de animação do espaço cênico, antecipando experiências posteriores de Piscator, Brecht e Svoboda. Conforme diz Roubine:

> Num momento em que as projeções são usadas apenas para obter certos efeitos especiais, Appia vê nelas um dos instrumentos essenciais de animação do espaço cênico [...] Não se trata de projeções figurativas, mas de um meio de multiplicar as possibilidades expressivas da luz, jogando com manchas de intensidades e cores variáveis, mutantes, infinitamente maleáveis[3].

Appia considerava a cor um derivado da luz, dizendo que esta ou se apodera da cor para a restituir, mais ou menos móvel no espaço, nesse caso, participando do modo de existência da luz; ou então que a luz se limita a iluminar uma superfície colorida, de modo que a cor continua ligada ao objeto e não recebe vida senão desse objeto e por variações da luz que o torna visível.

De um lado, teríamos a cor ambiente, que penetra a atmosfera e, como a luz, toma a sua parte no movimento e estabelece relações íntimas e diretas com o corpo. De outro, só pode agir por oposição e reflexos; quando se move, não é ela que se move, mas o objeto a que pertence[4].

Appia analisa uma por uma as diversas artes que contribuem para o teatro: pintura, escultura, arquitetura, literatura e música. O teatro é uma arte que se desenvolve no espaço e no tempo, ao contrário daquelas que são espaciais, mas são imóveis (como a pintura, a escultura e a arquitetura) ou as que

3 Idem, p. 120.
4 Cf. A. Appia, *A Obra de Arte Viva*, p. 99.

42 FUNÇÃO ESTÉTICA DA LUZ

são temporais mas permanecem imóveis em relação ao espaço (literatura e música).

A questão que Appia levanta é se existirá uma forma de conciliar a vida própria de cada uma dessas artes numa harmoniosa unidade e chama a atenção para o movimento.

Embora a maior preocupação de Appia tivesse sido a ópera, suas ideias sobre iluminação foram revolucionárias para o teatro. Em 1895, escreveu *La Mise en scène du drame wagnérien* (A Encenação do Drama Wagneriano), considerado um tratado sobre a iluminação cênica. Conforme diz Redondo Júnior, em nota de tradução: "Toda a fulminante evolução da estética de cena que se operou a partir da primeira década do século XX se deve, fundamentalmente, aos conceitos de Appia"[5]. Suas ideias, fundadas no simbolismo, opunham-se aos antigos preceitos da cena ilusionista que valorizavam os telões pintados, a perspectiva criada a partir da imagem plana e as técnicas do *trompe-l'oeil*. Appia propunha considerar o espaço cênico na sua tridimensionalidade, bem como todos os elementos plásticos da cena, em movimento cromático por recepção e devolução da luz em movimento.

O TEATRO TOTAL DE CRAIG

Edward Gordon Craig (1872-1966), diretor e cenógrafo inglês, da linha antinaturalista e a favor de um teatro simbólico e atmosférico, como Appia, valorizava os gestos simbólicos, a não imitação da natureza, a representação simbólica das ideias do autor; buscava a harmonia perfeita entre texto, cenário, ator, indumentária e luz.

Seu livro *On the Art of the Theatre* (Da Arte do Teatro) expõe as ideias de um "teatro total", onde ação, palavra, linha, cor e ritmo se fundem. Craig rejeitava o decorativismo, o excesso de cor, preferindo os contrastes de claro-escuro, a iluminação frontal e vertical, em vez de ribalta e bastidores.

Na ópera *Dido e Enéas*, de Purcell (1910), Craig aplica seus princípios de despojamento e representação alusiva ou simbólica

---

5 Cf. A. Appia, *A Obra de Arte Viva*, p. 115.

da realidade. A iluminação é utilizada ao mesmo tempo para animar a cena e para unificá-la. As personagens são iluminadas de frente ou verticalmente, por meio de refletores instalados no urdimento, no fundo da sala (não mais aos pés dos atores) e nos bastidores[6].

Craig idealizava uma cenografia composta de um sistema não figurativo de formas e volumes, no qual a iluminação contribuiria, segundo Roubine "para multiplicar ainda mais as possibilidades de transformação da imagem cênica, permitindo notadamente arredondar e suavizar aquilo que a geometria dos *screens* poderia ter de talvez demasiadamente rígido ou anguloso"[7].

Na montagem de *Das gerettete Venedig* (A Veneza Resgatada), de Hoffmannsthal, Craig utiliza interseções e feixes de luz produzindo efeitos que se tornariam traços distintivos do teatro expressionista, de forte influência pictórica.

Margot Berthold comenta o protesto que o diretor inglês Peter Brook fez, em 1954, "contra a pintura cênica por efeito de luz". Para Brook: "Craig havia superestimado a importância do *spotlight*. A seu ver, mesmo anteparos coloridos podiam apenas suavizar gradualmente a crueza e não podiam rivalizar com o pincel do pintor, nem em sutileza, nem em sombras ou cor"[8].

No final da década de 1920, vários encenadores tentaram seguir as ideias de Craig, adotando uma concepção de espaço a partir de luz e sombra.

Tanto as ideias de Appia, valorizando a sugestão, simbolismo, busca da mobilidade e fluidez na cenografia (conseguida por uma luz capaz de esculpir e modular as formas e volumes), quanto os projetos de Craig (muitos dos quais nem chegaram a ser executados) influenciaram cenógrafos, iluminadores e encenadores, até mesmo aqueles que se recusaram a tomar por base a frontalidade do palco italiano, propondo formas pluridimensionais.

---

6   Cf. J-J. Roubine, op. cit., p. 122.
7   Idem, p.123.
8   *História Mundial do Teatro*, p. 471.

SURTO RENOVADOR NA RÚSSIA

Na Rússia, a iluminação cênica ganha um surto renovador a partir das tendências contrárias à cena realista e naturalista. Até o final do século XIX, a iluminação consistia em luz branca e luz vista através de um vidro azul ou vermelho, situada na ribalta. Segundo J. Guinsburg, "As manhãs e as noites irrompiam como no equador – abaixava-se o vidro azul-escuro e instalava-se logo em seguida o vermelho, ou vice-versa, e tudo estava pronto"[9].

Essa intenção ilustrativa da luz cede vez, no princípio do século XX, às novas ideias de inspiração simbolista, em grande parte semelhantes às propostas de luz preconizadas por Appia e Craig.

Para o diretor russo Fiódor Komissarjévski (1882-1954), a luz tinha a mesma importância que os sons, as formas, as linhas e os movimentos.

Ciente da mobilidade da luz e dos movimentos cromáticos, Komissarjévski utilizava a alternância de cores, a variação de intensidade e a projeção de ângulos diferentes como recursos de acompanhamento emotivo às cenas. Priorizando as luzes laterais, a ribalta e a luz do forro, conseguia infundir dinamismo à cena, explorando tonalidade e riqueza de matizes. Na montagem de *Electra*, de Sófocles, adaptada por Hofmannsthal, utilizou tons vermelhos sugerindo sangue e horror. Nas montagens de obras de Shakespeare, que Komissarjévski realizou em Londres, usou movimentos cromáticos criando formas plásticas que davam impressão de elementos reais[10]. Komissarjévski era adepto da cena não naturalista, assim como Evrêinov (1879-1953) e Taírov (1885-1950).

Para Evrêinov, tudo é simbólico na arte. Numa de suas montagens, para obter resultados subjetivos que julgava necessários à peça, Evrêinov dividiu o palco diagonalmente em duas partes, uma sombria, para as personagens negativas, e outra luminosa, para as positivas, além de determinar o sentido de cada ato por uma cor específica[11]. Sob influência da

---

9 *Stanislávski, Meierhold & Cia*, p. 307.
10 Cf. G. Tolmacheva, *Creadores del Teatro Moderno*, p. 277-278.
11 Cf. J. Guinsburg, op. cit., p. 142.

LUZ E CRIAÇÃO

estética simbolista, Evrêinov estendia o significado e a função da luz para além dos limites impostos pela cena do realismo e naturalismo.

Taírov, também renovador do teatro russo no princípio do século XX, deparou com o problema da bidimensionalidade da cena e propôs como solução os volumes e as formas construídas. Para resolver o problema das transformações, da mobilidade, Taírov apoiava-se nas técnicas da iluminação, com sugestões de luminescências, tonalidades, atmosferas e criação da *luz emocional*, sensível ao desenrolar da narrativa e progressão dramática[12].

TRANSIÇÕES PARA O EXPRESSIONISMO

Na Alemanha, duas experiências cênicas realizadas no princípio do século XX assinalam a transição das heranças realistas do duque de Meininguen (1826-1914) para o expressionismo.

A primeira é a do diretor austríaco Max Reinhardt (1873--1943), cujo teatro passa a fazer uso de todos os aperfeiçoamentos técnicos disponíveis, criando uma cena com muitos acessórios, maquinismos, palco giratório, luz, cor, revelando domínio sobre uma profusão de recursos e preocupação com perfeccionismo. Reinhardt tornou-se mestre no uso do ciclorama, luz colorida, horizonte em cúpula e projetores de efeitos[13].

De posse dos novos meios, Reinhardt põe em prática ideias, sugestões e experiências de iluminação de Appia e de Mariano Fortuny y Madrazo – o primeiro a testar as teorias de Appia, pesquisando durante anos o reflexo da luz sobre telas de distintas cores[14].

Enquanto Appia propunha um teatro de síntese, centrado em três forças (ator, movimento e luz), Reinhardt, ao contrário, direcionava sua experiência para uma cena analítica, que ia de grandes montagens de Shakespeare até ao teatro de massas e às propostas de seu "teatro total". Ao assumir a direção do

---

12 Idem, p. 170.
13 Cf. M. Berthold, op. cit., p. 483.
14 Cf. G. Tolmacheva, op. cit., 133-134.

Deutscher Theater, maravilhou o público com os efeitos "rembrandtianos" de sua iluminação[15].

Apesar do contato que teve com Gordon Craig, durante a estada deste em Berlim, entre 1904 e 1906, Reinhardt jamais abandonou sua preferência pela cena profusa, com necessidade de materiais para realizar seus malabarismos[16].

A experiência de Reinhardt com palcos giratórios inaugurou uma nova relação dimensional que também dizia respeito à luz: por um lado, o palco giratório trazia dinamismo às cenas, vencendo a monotonia e a estagnação da cenografia naturalista; por outro, havia o inconveniente de sacrificar a profundidade do palco ao quadro restrito da cena e limitar a iluminação quase sempre à frontalidade.

O cenário giratório, que servira à exuberância expressiva de Reinhardt desde a encenação do *Fausto*, de Goethe, e principalmente *Sonho de uma Noite de Verão,* de Shakespeare, era um recurso muito mais antigo: há registros de desenhos de Leonardo da Vinci em 1490[17] e de uso prático no teatro *kabuki*, no século XVIII, por Namiki Shozo; a ideia foi trazida do Japão à Europa em 1896, por Lautenschläger, para o Teatro de Munique[18].

O estrado girando em torno de um eixo central dividia a cena em vários setores, cada um com um cenário diferente, com a facilidade de efetuar rapidamente as mudanças cênicas com um simples girar de disco. Na França, foi utilizado por Georges Mouveau, na Ópera de Paris, na Comédia Francesa e na encenação do *Prosper*, realizada por Gaston Baty[19].

Outra tentativa de obter mobilidade dos cenários e rapidez nas trocas – e consequentemente mobilidade na luz – foram as experiências com elevadores, de construção mais complexa que os estrados giratórios, exigindo transformações radicais na estrutura do prédio. O elevador facilita as mudanças de cenário, sem sacrificar áreas úteis do palco e restringir os efeitos

---

15 Cf. A. Rosenfeld, *História da Literatura e do Teatro Alemães*, p. 306.
16 Cf. S. Dhomme, A Alemanha, os Símbolos e as Sínteses, em J.R. Redondo Júnior (org.), op. cit., v. II, p. 165-197.
17 Cf. M. Berthold, op. cit., p. 293.
18 Cf. G. Tolmacheva, op. cit., p. 129.
19 R. Cogniat, O Problema dos Estilos na Cenografia do Século XX, em J.R. Redondo Júnior (org.)., op. cit., v. II, p. 111.

dimensionais na cenografia e na luz. No entanto, exige muitas adaptações, implantação de vários andares, a custos altos e nem sempre com resultados esperados. "A realização mais completa é a construção do Teatro Pigalle (Paris, 1929) com o seu triplo andar de tablados montados sobre ascensores, equipados sobre carris e que podem ser escamoteados em alguns segundos para a direita ou para a esquerda, para cima ou para baixo da cena"[20].

As ideias de Craig, valorizando sobretudo a dimensão de altura do palco e a criação de condições favoráveis à movimentação cênica, por meio de combinações entre espaço, luz e cenário, repercutiram de forma generalizada na cenografia e iluminação do século XX.

Na Itália, destaca-se a obra do cenógrafo Enrico Prampolini (1894-1956), traçando um percurso que vai do futurismo ao dadaísmo, influência da Bauhaus e do abstracionismo; na Áustria, Frederick Kiesler (1892-1965), que desenhou o primeiro teatro *in the round* de Viena, em 1924; na Polônia, Szymon Syrkus (1893-1964); nos Estados Unidos, Norman Bel Guedes (1893-1958), cenógrafo do Metropolitan Opera e principalmente Robert Wilson, com uma concepção de luz diretamente vinculada à cena.

A segunda experiência cênica fundamental na transição para o expressionismo, foi a do diretor alemão Leopold Jessner (1878-1945), adepto da redução dos decorados, da reestruturação do espaço cênico por escadas e plataformas, visando à simplificação sintética.

Se por um lado tivemos um André Antoine (1859-1943), valorizando o aspecto atmosférico da luz, numa visão imitativa e naturalista da realidade, por outro encontraremos Jessner, para quem a luz é o elemento imprescindível, por meio do qual se conseguem as deformações, focos concentradores, projeções, sombras, manchas e tudo o que possa atuar como recurso de desnaturalização e expressão do sujeito, do objeto ou da forma em si mesma.

Na encenação de *Otelo*, de Shakespeare, Jessner utiliza o ciclorama, não com a intenção de sugerir um céu ou amanhecer,

---

20 Idem, p. 110-111.

mas para criar um fundo colorido equivalente aos diferentes momentos dramáticos – um uso arbitrário da luz para fins de desnaturalização. Segundo Bablet:

> Se a luz da lua parece penetrar por uma janela, como no cenário de Sievert para *Tambores na Noite*, não é tanto para evocar o luar como para deformar os objetos, projetar sombras sobrenaturais e aumentar a tensão dramática. A sombra permite aumentar a tensão. Alterando o mundo dos objetos, o encenador amplia as sombras até os limites do gigantesco, iluminando o ator ou o objeto de baixo para cima ou pelos lados[21].

LUZ NO EXPRESSIONISMO

Com a chegada do expressionismo, a luz retoma e amplia características herdadas da pintura barroca (contrastes e transições duras entre claro e escuro), acrescentando dramaticidade e subjetivismo. Deformações, manchas, sombras, distorções, atmosfera, focos, projeções e *flashes*, enfim, tudo o que possibilite a desnaturalização e a expressão do objeto, do sujeito ou da forma em si mesma passa a adquirir valor na composição.

Em lugar da iluminação geral, o expressionista prefere a iluminação por zonas, manchas e *flashes* capazes de estabelecer um isolamento do ator, separando-o do restante, suprimindo-lhe as relações com o mundo exterior.

A luz adquire, assim, o poder de estabelecer relações entre personagens ou de separá-las; acompanha a ação de modo aparentemente arbitrário, já que seu objetivo não é imitar a natureza, mas concentrar a atenção, articular a ação, acentuar a tensão e colorir a emoção do público.

Várias experiências do simbolismo (Appia, Craig) foram retomadas e radicalizadas por diretores expressionistas como Heinz Hilpert (1890-1967), Karlheinz Martin (1886-1948) e Jürgen Fehling (1885-1968) que não hesitavam em tirar proveito das sombras, dos isolamentos e dos contrastes de claro-escuro.

Cercados de sombra, os elementos reais do palco expressionista pareciam flutuar no vácuo, arrancados do nada pela

---

21 D. Bablet, A Encenação e a Cenografia Expressionistas, em J.R. Redondo Júnior (org.), op. cit., v. I, p. 314-315.

iluminação. Os projetores dividiam a cena, tirando da escuridão cones de realidade mágica, como projeções subjetivas do protagonista. Em palcos quase vazios, a iluminação estabelecia contrastes violentos de claro-escuro, reforçando a expressividade[22].

A cena do expressionismo fez da luz um aliado importantíssimo. Revelou forte influência pictórica, assimilando noções que vinham desde Caravaggio, Vermeer e Georges de La Tour, até os expressionistas Kirchner, Nolde e Munch.

Muitos dramaturgos expressionistas faziam indicações explícitas à luz em suas peças: Ernst Barlach (1870-1938), que também foi escultor; Oskar Kokoschka (1886-1980), pintor e dramaturgo; Reinhard Sorge (1892-1916), considerado um dos precursores do drama expressionista; Walter Hasenclever (1890-1940) e Ernst Toller (1893-1939).

Em 1911, Oscar Kokoschka exigia para seu drama *A Sarça Ardente* um aposento iluminado pela lua, grande e cheio de sombras ardilosas, que desenhassem figuras no chão.

Reinhard Sorge, para a encenação de sua peça *A Jovem Alemanha*, em 1917, pedia refletores móveis para realçar figuras isoladas na escuridão.

Hasenclever, ao tratar de conflito de gerações na peça *O Filho*, de 1918, mencionava um facho de luz vertical que pudesse criar uma área de isolamento.

Em *A Transfiguração* (1919), de Toller, o palco foi inteiramente revestido de tecido escuro[23].

BRECHT E A CLARIDADE INTENSA

Em oposição à ideia de que a luz cênica deve servir para representar (imitativa ou simbolicamente) e expressar estados, sentimentos, intenções, surge uma outra tendência no século xx que também irá repercutir na cena contemporânea: a luz praticada pelo Berliner Ensemble, de Brecht, a partir de 1949.

No teatro épico de Bertolt Brecht (1898-1956), a luz surge como luz simplesmente, sem intenção de produzir ilusão, de

---

22 Cf. S. Dhomme, op. cit., p. 118-119.
23 Cf. M. Berthold, op. cit., p. 475-476.

imitar a natureza, de criar relações simbólicas ou de atuar como recurso expressivo. Na prática, tais procedimentos até podiam ocorrer, para ilustrar uma cena realista ou romântica, mas dentro de uma perspectiva crítica e não para fins exclusivamente ilusionistas.

Na concepção de Brecht, a luz se dá a ver como um dos recursos da teatralidade e não simplesmente com a intenção de iludir a audiência, despertar emoções, sugerir estados, provocar sensações, criar símbolos ou expressar conteúdos e formas. As fontes de luz devem permanecer à mostra, "para que o teatro funcione como teatro, longe de qualquer concessão ao ilusionismo cênico"[24]; a preferência recai sobre a luz geral branca e, muitas vezes, sobre a própria "luz de trabalho" (luz de serviço), numa negação visível da luz com outra função que não seja a da visualidade.

Contudo, não se pode dizer que se trata de uma luz "neutra", já que expressa uma atitude, um posicionamento, um modo particular de lidar com os materiais.

Ao comentar a primeira encenação de *Um Homem é um Homem*, de 1926, Brecht diz que a montagem de Jacob Geis havia evitado implicações, segredos, ambiguidades, meias-luzes, dando preferência aos fatos, à iluminação brilhante, "luz em cada canto", coincidindo com sua preferência por luzes claras e brilhantes, como nos esportes, ao contrário da semiobscuridade das concepções de Reinhardt[25].

Brecht propunha claridade intensa para que tudo no palco pudesse ser visto e julgado, como se viam as piruetas acrobáticas do *music hall*, sem a preocupação com sombras e descrição de traços característicos e feições:

> Dê-nos alguma luz no palco, eletricista. Como podemos nós, dramaturgos e atores, proclamar nossa concepção do mundo em meia-obscuridade? A penumbra induz o sono. Mas precisamos do espectador desperto, mesmo vigilante. Que tenham seus sonhos bem iluminados[26].

A busca da visualidade como função precípua da luz estava entre os princípios básicos do teatro épico: clarear para que os

24 G. Bornheim, *Brecht*, p. 298.
25 Apud J. Willett, *O Teatro de Brecht*, p. 187.
26 Idem, p. 206.

olhos pudessem ver, como no ringue de boxe, como nas quadras esportivas.

Da mesma forma, a projeção de imagens e o uso da lanterna mágica, para o diretor alemão Erwin Piscator (1893- -1966), não visavam ao ilusionismo, mas à interrupção, à desnaturalização, à contraposição narrativa, com legendas, sequências visuais e desenhos animados, criados pelo artista George Grosz (1893-1959).

Em plena época do cinema silencioso, Piscator já praticava as técnicas narrativas com imagens projetadas simultaneamente, de vários aparelhos, em meio à interpretação dos atores. A contraposição entre imagem plana e presença tridimensional propiciava um recorte na continuidade do discurso cênico, alterando, por conseguinte, as condições de recepção. A luz tornava-se essencial para concretizar essa duplicidade de recursos dimensionais e de planos narrativos. A cena presente alternava-se ou se contrapunha à documentação filmada, desenvolvendo experiências com projeção com as quais o palco vinha sonhando desde as primeiras tentativas com teatro de sombras até a lanterna mágica.

GROTOWSKI E A LUZ SEM ARTIFÍCIOS

Jerzy Grotowski (1933-1999), que propunha um teatro livre de truques e artifícios, centralizando a atenção no ator e na sua capacidade de criação e representação, também rejeitava o que poderíamos entender como função referencial e função expressiva da linguagem da luz, dando preferência à geral branca ou mesmo à luz de serviço, conforme o caso.

O simples fato de os refletores projetarem luz sobre um setor da assistência já era o suficiente para incluí-lo na cena, como se ele passasse a fazer parte da performance. Não se pode falar, nesse caso, em *design* de luz, nos moldes como se entende isso atualmente.

Na experiência de Grotowski, a valorização do gesto e da expressão facial dos atores não dependia de um arranjo prévio de luzes, mas de uma prática em que os atores iam descobrindo os melhores efeitos nos ensaios, em contato direto com a luz.

Esse entendimento criou seguidores e influenciou o desenvolvimento de uma tendência em que a luz deixa de ser vista como ilustração de algo para ser declaradamente iluminante em função da cena, acompanhando-a em todos os seus percursos como um interlocutor silencioso, mas com um potencial energético diretamente vinculado às incursões da cena, como vibração e manifestação física.

A LUZ NA CONCEPÇÃO DE ARTAUD

Uma tendência que também repercute na cena contemporânea é a concepção de luz como componente físico da cena, por meio do qual não se pretende recriar efeitos imitativos nem expressar estados e sentimentos, mas atuar simbolicamente e afetar diretamente a percepção.

A busca de um teatro de atmosfera e sugestão, mais dirigido aos sentidos que à razão, fez com que Antonin Artaud (1896-1948) pensasse a luz como elemento simbólico, muito mais que imitativo ou expressivo da realidade.

Em "O Teatro da Crueldade", Artaud expõe sua concepção a respeito de luz:

> Os aparelhos luminosos atualmente em uso nos teatros não bastam mais. Como a ação particular da luz sobre o espírito passa a fazer parte do jogo dramático, novos efeitos de vibração luminosa devem ser procurados, novos modos de difundir a iluminação em ondas, ou por camadas, ou como uma fuzilaria de flechas incendiárias. A gama colorida dos aparelhos atualmente em uso deve ser revista de cabo a rabo. A fim de produzir qualidade de tons particulares, deve-se reintroduzir na luz elementos de corpo, densidade, opacidade, com o objetivo de produzir calor, frio, raiva, medo etc[27].

A concepção de espaço pretendida por Artaud abandonava o edifício tradicional e propunha quebrar as barreiras entre atores e espectadores, de modo que estes ficassem no centro da ação, envolvidos e cobertos por ela. Cadeiras giratórias permitiriam que o espectador acompanhasse o desenrolar da ação

---

27 *O Teatro e o Seu Duplo*, p. 122.

em diversos pontos. Em lugar de cenários, existiria o esplendor dos trajes, capazes de dar vida e colorido à ação. Nessa proposta, a função da luz seria produzir efeitos mágicos de grande impacto e significação, realçando o valor vibratório, as ondas ou as explosões luminosas semelhantes ao fogos de artifício. Cor e tonalidade transmitiriam tensão, densidade, opacidade, produzindo impressões de calor, frio, fúria ou medo.

As ideias de Artaud a respeito de luz, em seu livro, resumem-se a poucas linhas. No entanto, essas breves considerações estão inseridas num contexto mais amplo que ele defendeu a respeito de teatro, necessário para o entendimento do que ele pretendia dizer quando se referia à luz.

Na França, Gérard Gelas e o seu grupo Chêne Noir, na década de 1970, procuraram pôr em prática uma teoria da iluminação diretamente herdada de Artaud[28]. A provocação sensorial, o aspecto vibratório e o envolvimento da assistência sob forte presença da luz perpassa, na atualidade, muitas das experiências viscerais e tecnológicas do grupo La Fura dels Baus, de Barcelona.

Os escritos que Artaud nos deixou a respeito da luz já preconizavam alguns procedimentos que o teatro iria explorar mais tarde, ao valorizar os símbolos orgânicos nas relações entre corpo, luz e som, os três componentes vivos e transformadores da cena.

A RADIAÇÃO DA LUZ NA CENA DE EDMOND JONES

Na América, o cenógrafo Robert Edmond Jones (1887-1954), adepto da cena realista, dizia que o verdadeiro problema da iluminação cênica consistia em saber onde colocá-la e de onde afastá-la, adotando o que seu professor, Max Reinhardt afirmou certa vez: "Tenho dito que a arte de iluminar uma cena consiste em pôr luz onde queremos e tirá-la de onde não a queremos"[29].

28 Cf. J-J. Roubine, op. cit., p. 24.
29 Apud R. E. Jones, *The Dramatic Imagination*, p. 111.

Para Jones, as coisas no palco devem ser visíveis, mas de um modo especial, pois a realidade é mais saliente que no cotidiano; no teatro, as impressões são mais agudas, claras e rápidas.

Em sua opinião, a luz que envolve o ator é uma radiação, uma auréola, *um elixir suave*, uma luz lúcida, penetrante, de *inteligência divina.*

Jones compara o trabalho de um retratista comum, que registra apenas as impressões superficiais do modelo, com um retrato feito por Rembrandt, capaz de penetrar desde a superfície até o caráter e o espírito: "Vemos uma vida que não é só de um momento, mas de todos os momentos: sentimos o 'para além do imediato'. Um retrato de um velho tem de ser um retrato de velhice"[30].

A luz valoriza a consciência do momento, a surpresa e a descoberta. Para ele, iluminar não é apenas clarear um objeto, mas revelar um assunto, o drama, como se as luzes fossem palavras para elucidar ideias e emoções. A mesma importância que atribui à luz, atribui à sombra, como uma espécie de contrapartida, de igual valor.

O drama, para Jones, é um organismo vivo e a luz faz parte dessa vida. Sua preparação, com todo o complexo mecanismo que envolve, possibilita o que ele chama de "vivência da luz", um modo peculiar de aprender durante a criação e montagem, utilizando a imaginação e as possibilidades sutis, poderosas e infinitas da luz.

Essa vivência, Jones descreve detalhadamente no capítulo "Light and Shadow in the Theatre" (Luz e Sombra no Teatro) de seu livro *The Dramatic Imagination* (A Imaginação Dramática), de 1941.

A EXPERIÊNCIA DE JOSEPH SVOBODA

A obra do cenógrafo tcheco Joseph Svoboda (1920-2002) se caracteriza pelo grande despojamento técnico, busca de novos materiais, superfícies e texturas para fins estéticos em cenografia e iluminação. A pesquisa e criação de Svoboda

---

30 Idem, p. 117.

LUZ E CRIAÇÃO

revolucionaram, de certo modo, as técnicas de projeção no palco, não só dando continuidade às concepções de Erwin Piscator, mas também inovando a técnica, com novas contribuições (como o *poliécran* e a lanterna mágica, mostrados na exposição de Bruxelas, em 1958).

Svoboda entende o espetáculo teatral como um conjunto no qual todas as partes se harmonizam. Mais que uma composição ou relação entre elementos, a cena pede planos dramáticos modificáveis no decurso da ação e que possam desaparecer, conforme as exigências da tensão dramática.

A necessidade de buscar um teatro com linguagem própria, autônoma, diferente de uma soma de contribuições advindas de outras artes, fez com que Svoboda andasse sempre à procura de novos meios, técnicas e materiais para os seus trabalhos. A experiência que teve no Teatro Nacional de Praga revela uma preocupação constante com os materiais (sua textura, maleabilidade, flexibilidade, uso de borracha, plásticos e superfícies refletoras) e sua aplicabilidade na cenografia e na iluminação. Graças a espelhos móveis em plástico preto, conseguiu enviar luz refletida para pontos quase inatingíveis do palco.

Svoboda criou um conjunto de aparelhos com os quais exercitava sua criação: projetores caleidoscópicos, fontes de luz refletida, um dispositivo mecânico combinado com diversos planos fixos, tapetes rolantes ou projetores de filmes especiais que permitiam desviar o eixo de projeção.

Este último dispositivo permite-nos deslocar uma imagem através da cena e seguir mecanicamente um ator ou bailarino por meio de painéis cuja posição pode ser modificada; este processo, como o *poliécran*, é da minha invenção e foi empregado, nomeadamente, com a lanterna mágica[31].

A lanterna mágica, desenvolvida no século XVII pelo físico Christian Huygens (1629-1695) consiste em um sistema de projeção de imagens sobre um écran branco, com gravuras desenhadas sobre lâminas de vidro. Ao retomar os princípios da lanterna mágica, Svoboda trouxe para o palco a possibilidade

---

31 J. Svoboda, Uma Experiência Checoslovaca, em J.R. Redondo Júnior (org.), op. cit., v. II, p. 264.

de se trabalhar com a realidade e a imagem da realidade, simultaneamente, num jogo de dimensões diversas: o ator no palco (visto em três dimensões) e o ator projetado em tela plana (imagem bidimensional). A combinação entre a bidimensionalidade e a tridimensionalidade produziriam, enfim, uma justaposição ou até uma síntese entre teatro e filme.

Ao criar um "teatro de luz", Svoboda estava renovando não apenas os materiais e equipamentos, mas a própria linguagem cênica.

Para entender o espaço, sua preocupação crucial, Svoboda não poupou a variabilidade da luz em intensidade, cor, densidade e direção. Fenômeno fluido, impalpável, dotado de múltiplos poderes, a luz poderia tanto revelar quanto ocultar o espaço construído e suas estruturas materiais, ou então impregnar o espaço de qualidades plásticas e atmosferas[32].

A cinética cênica de Svoboda envolvia arquitetura e luz, tendo como elemento de ligação a matéria, a escolha apropriada do tipo de juta, do brilho dos materiais, de sua opacidade ou transparência.

Muitos dos efeitos que hoje vemos nos espetáculos, como sobreposição de projeções, alinhamento de luz e sombra em escadarias, cortinados de contraluz ao fundo e recortes geométricos, remontam às antológicas concepções de Svoboda para as montagens de *Contos de Hoffmann*, de Offenbach (Ostrawa, 1947), *Um Domingo de Agosto*, de F. Hrubin (Praga, 1958), Édipo Rei, de Sófocles (Praga, 1963), *Prometheus*, de Carl Orff (Munique, 1968) e *Hamlet*, de Shakespeare (Bruxelas, 1965).

A DANÇA DA LUZ COM LOÏE FULLER

A dança trouxe contribuições importantes à iluminação, sobretudo por desenvolver uma outra concepção de espaço, voltada mais para o movimento e para o aspecto escultural do corpo nas três dimensões do que para a fala e para a representação de ambientes, estados e atmosferas.

---

32 Cf. D. Bablet, *Svoboda*, p. 98.

LUZ E CRIAÇÃO

No final do século xix, quando a iluminação elétrica começava a modificar o conceito de espaço cênico, abrindo-se para experiências revolucionárias em cenografia, surge uma figura cujo trabalho assinala um momento histórico de transição: a dançarina norte-americana Loïe Fuller (1862-1928). Não nos referimos à sua dança em si, que não tinha grande importância, mas à iluminação que utilizava para se apresentar. Não usava efeitos atmosféricos, à maneira naturalista, mas uma iluminação inusitada para a época, à base de projeções, espelhos e acompanhamento coreográfico[33].

Loïe Fuller foi a primeira a utilizar os jogos de luz associados a movimentos de tecidos para obter efeitos espetaculares, criando no palco um espaço fora do real, adotando cores diversas e refletores frontais, projeções dos dois lados, por trás e de baixo para cima. Sua lição seria amplamente seguida pelos coreógrafos e cenógrafos contemporâneos[34].

Antes de Fuller, havia iluminação, mas não se sabia como usá-la. Os efeitos geralmente eram confusos ou jogavam só com projeções uniformes. Não se pensava, por exemplo, na possibilidade de se trabalhar com modulações e transições, até que ela experimentasse isso em suas performances, aliás, com um cuidado que, em geral, levava muitas horas de preparação.

Sua experiência com a luz incluía desde o recurso recorrente nos espetáculos da época, como a lanterna mágica, cujos *slides* muitas vezes ela própria se encarregava de pintar, até contribuições que surgiam ao acaso, como a ideia de levar para o palco o efeito de uma fonte luminosa que ela vira num hotel, para explorar em cena os seus efeitos de luz colorida sobre a água corrente.

Para Loïe Fuller, a luz não era apenas um meio capaz de revelar e ocultar os movimentos de seu corpo, mas também um dinâmico parceiro de cena. Ao buscar uma relação dialógica, luz e cor tornavam-se fontes de uma ativa troca com seus movimentos. Mais que uma fonte estática para emoldurar suas várias poses, a luz engajada em sua dança permitia uma variedade de respostas expressivas, conforme mudanças de cor e intensidade[35].

33 Cf. J-J. Roubine, op. cit., p. 22-23.
34 Cf. P. Bourcier, *História da Dança no Ocidente*, p. 252.
35 Cf. A. C. Albright, *Traces of Light*, p. 51.

REFERÊNCIAS DA LUZ NA DANÇA MODERNA

A luz dos espetáculos de Loïe Fuller assinala o início de uma pesquisa mais complexa que seria desenvolvida mais tarde pela iluminadora Jean Rosenthal e pelo coreógrafo Alwin Nikolais.

Jean Rosenthal trabalhou vários anos com a Companhia de Martha Graham, desenvolvendo projetos de iluminação específicos para dança, um tanto diferentes dos modelos propostos por Stanley McCandless, de quem fora aluna.

Rosenthal valorizava sobretudo a luz lateral, para esculpir os corpos dos bailarinos. A partir de seus experimentos, a iluminação lateral tornou-se quase que indispensável em dança, influenciando também o teatro.

A experiência estética mais significativa na aliança entre luz e dança, no entanto, coube ao coreógrafo americano Alwin Nikolais (1910-1993), utilizando sobretudo projeções. Nikolais projeta imagens figurativas e abstratas sobre a composição coreográfica, não exatamente com intenção decorativa, mas para integrar corpo, movimento e espaço. A relação luz-dança, por meio dos *slides* e das figuras aumentadas, busca ampliar a concepção do espaço e do movimento. Os figurinos adquirem importância dramática, emocional. Em sua concepção, luz e roupa deveriam fazer parte do balé tanto como os próprios bailarinos[36].

Na visão caleidoscópica de Nikolais, movimentos, luzes e cores fundem-se harmoniosamente. Seus bailarinos são envolvidos numa "matriz visual", na qual a relação entre movimento e meio ambiente se faz por intermédio da luz. Numa fração de segundo, o bailarino pode assumir uma posição de importância no conjunto visual e logo depois ser completamente absorvido pela "matriz visual". Há sempre presente uma relação entre a parte e o todo. Sua estética prioriza a descentralização, baseada no conceito de que o homem é um "minuto", um instantâneo no mecanismo do universo. Às vezes, o homem está em posição superior em relação ao restante; outras vezes, sua importância se reduz na amplidão.

Na busca da descentralização, Nikolais investiga o espaço aberto, desprovido de centro. Desaparece o foco de importância

---

36 Cf. A. Nikolais, entrevista concedida ao *Jornal da Tarde* em 26 abr. 1977.

LUZ E CRIAÇÃO

sobre a personagem ou o assunto; elimina-se o destaque sobre uma performance particular. No plano individual do bailarino, a descentralização também opera, desviando a fonte de energia do plexo solar para o ponto onde se realiza o movimento. Como consequência, há uma redução da carga emotiva e egocêntrica. Nikolais propõe ir mais longe ainda com a descentralização, estendendo-a para o figurino, a luz e o próprio espaço[37].

Embora todos os componentes do espetáculo tenham valor na concepção de Nikolais, é visível a importância quase suprema que ele dá à luz e ao movimento na investigação do espaço e do meio ambiente.

O primeiro balé de Nikolais a demonstrar as possibilidades da luz foi *Prisma*, em 1956, trabalhando as formas esculturais em mutação, conforme as diferentes captações da luz. A dança final, "Off the Wall" culminava com uma fileira de *floodlights* quase cegando a plateia à medida que os bailarinos chegavam à ribalta e pareciam saltar para fora do palco.

Em *Galaxy*, também de 1956, os bailarinos usavam máscaras brancas no rosto e tinham os braços expandidos por uma espécie de remo. A luz negra destacava somente as partes fluorescentes, luminosas, produzindo efeito de flutuação.

A projeção de *slides* sobre os bailarinos, o uso da tela cenográfica e do ciclorama, procedimentos que se tornaram característicos nos trabalhos de Nikolais, foram primeiramente utilizados pelo Nikolais Dance Theatre em *Somniloquy*, de 1967. Nesse espetáculo, os bailarinos usavam colante branco e maquiagem luminosa. As imagens projetadas atravessavam os espaços livres e alcançavam a tela de fundo, quando não refletiam no próprio corpo e no rosto dos bailarinos em movimento. As alternâncias de luz, ora no plano dimensional do palco, só com os bailarinos, ora no plano bidimensional das telas, assim como a utilização conjunta desses dois planos, criavam setores distintos no espaço e qualidades diversas de situações.

A presença de todos esses efeitos na obra de Alwin Nikolais não deve ser entendida como ponto de partida para suas criações e muito menos como recurso decorativo. Ao contrário, suas criações são o reflexo de uma profunda meditação sobre

---

37 Cf. B. E. Nickolich, The Nikolais Dance Theatre's Uses of Light, *The Drama Review*, v. 17, n. 2, p. 81.

a natureza humana e seus sentimentos profundos, os quais se expressam por meio de luz e projeções. Não se trata de exercício de comunicação, mas de tentativa de total identificação do criador com seu público[38].

Nikolais faz da luz um poderoso meio de distorção do espaço e do tempo, com projeções que primeiramente aparecem minúsculas sobre o bailarino e em seguida aparecem gigantescas no fundo (*The Scenario*, 1972); nem poupa quantidades enormes de mutações em curto espaço de tempo e mudanças até mesmo de refletor a refletor (*Echo*, 1969), quando a intenção é obter movimento e situar a figura humana dentro de um complexo mecanismo universal.

A LUZ NO TEATRO DE KANTOR E CHÉREAU

As mudanças de luz vinculadas às mudanças de espaço e de planos dramáticos ganham uma dimensão notória em *Wielopole, Wielopole* (1980), do diretor polonês Tadeusz Kantor (1915-
-1990). Nesse espetáculo, para o plano da realidade, Kantor propunha uma luz banal, como se viesse de uma luminária comum, suspensa no alto do cômodo. O efeito contrastava com o plano da memória, onde uma luz "quente", meio amarelada, mística, sugeria o universo maravilhoso, de atmosfera inspirada no quadro *Lição de Anatomia do Dr. Tulp* (1632), de Rembrandt (1606-1669).

No plano do real, Kantor mostrava a zona dos civis e do exército; no da memória, o espaço da infância, da inocência, do mistério e do misticismo. Ao passarem de um plano ao outro, os soldados se transformavam em crianças, em vítimas martirizadas do mundo dos adultos, representando um exército não só da I Guerra Mundial, mas de guerras anteriores e de outras que estariam por vir. Nesse recorte da memória, os objetos pareciam abandonados, sem importância, desprovidos de valor prático, reduzidos à sua presença bruta, sob uma luz que sugeria o amarelado de um tempo onde residiria a esperança[39].

---

38 Cf. E. Linval, *Premiers pas en danse modern*, p. 29.
39 Cf. B. Eruli, Wielopole, Wielopole, em D. Bablet (org.), *T. Kantor 1*, p. 211-214. (Les Voies de la creation théâtrale, v. 11.)

LUZ E CRIAÇÃO 61

Nas montagens do diretor francês Patrice Chéreau (1944), a luz tem uma importância decisiva na teatralização do texto. Filho de pintores, desde cedo Chéreau teve contato com arte. Não é de estranhar, portanto, que tenha desenvolvido uma concepção cênica de forte influência pictórica, servindo-se da luz quase como braço direito, auxiliado pelo premiado *designer* André Diot.

Dentre as montagens de Chéreau destacam-se o *Peer Gynt*, de Ibsen, e quatro peças de Bernard-Marie Koltès: *Combat de nègre et de chiens* (1983), *Quai Ouest*, (1985), *Dans la solitude des champs de coton* (1986) e *Le Retour au désert* (1988), além de incursões pela ópera e pelo cinema.

Na montagem de *Peer Gynt*, Chéreau prioriza o claro-escuro, a contraluz, a fumaça, para sugerir brumas e tempestades, a luz lateral para evocar um sol próximo do horizonte, resultando num experimento de qualidades pictóricas, inspirado na arte do renascimento italiano (a luz solar entrando por janelas e portas) e na concepção de luz do diretor italiano Giorgio Strehler.

Para produzir o que considera "luz natural", Chéreau recorre a equipamentos de cinema, como os refletores HMI, que dão uma luz muito possante e próxima à luz do dia. Essa luz natural, que ele busca, traduz o que considera a "dinâmica do tempo"[40].

LUZ NATURAL E ARTIFICIAL NA CARTOUCHERIE

A experiência produzida com luz natural e a posterior necessidade de adaptação a espaços que requerem iluminação artificial é discutida por Catherine Mounier em seu artigo sobre o Théâtre du Soleil[41], a propósito do espetáculo *1789*, concebido na Cartoucherie (sede da companhia) e apresentado, depois, em outros espaços com luz artificial.

Nas apresentações vespertinas, as janelas e vidraças do teto da Cartoucherie colaboravam para atenuar a luz do dia e prover a cena de uma claridade natural e sugestiva. A luz solar que chegava das vidraças do teto produzia um efeito difuso e frio;

---

40 Cf. C. Vymétal-Jacquemont, Les Éclairages de Chéreau et la lumière chez Ibsen, em O. Aslan (org.), *Chérau*, p. 183-189. (Les Voies de la création théâtrale, v. 14.)

41 Cf. C. Mounier, Le Théâtre du Soleil, em D. Bablet (org.), *W. Shakespeare, Théâtre du Soleil, J. Arden, S. Becket*, p. 187-189. (Les Voies de la création théâtrale, v. 5.)

já os feixes de luz que atravessavam as janelas davam resultados mais pontuais e quentes.

Nos espaços onde era preciso recriar a luz por meios artificiais, os resultados eram bem diversos. Para os efeitos difusos, a possibilidade de reduzir a intensidade da luz incandescente permitia resultados um pouco mais compatíveis com os raios solares; porém, os efeitos localizados, com trilhas de projetores direcionados, tornava-se problemática.

A combinação de incandescência e fluorescência, utilizando o vidro como meio de transmissão, produzia resultados sugestivos, mas não iguais aos experimentados no espaço da Cartoucherie, sob luz natural.

A experiência descrita por Catherine Mounier comprova a codependência entre luz e cena, especialmente por envolver fontes específicas. A cena, originalmente concebida à luz do dia, sob brilhos, nuanças, tonalidades e transições imprevisíveis, estabelecia com a luz uma relação atmosférica de ritmo impermanente. Por conseguinte, esse entrosamento entre cena e luz natural produzia uma condição peculiar e intransferível de espacialidade e tempo.

A luz permite recortar os objetos no espaço, isolar cenas, diminuir e aumentar as áreas do palco, revelar a altura, o perfil, os contornos e a profundidade. É um recurso indispensável para se ressaltar o essencial e excluir o desnecessário.

RECORTE E SOMBRA NA CENA DE STREHLER

Na montagem de *L'Illusion* (1982), de Corneille, o diretor italiano Giorgio Strehler (1921-1997) recorre a feixes luminosos para ressaltar detalhes que julga mais importantes, modificando relações de tonalidade e aparência de volumes. Tudo o que não é útil à ação imediata é negligenciado na sombra. Há um raio fraco de luar que atravessa a penumbra de um jardim, certamente para instigar a lembrança de sensações. Para Strehler, a luz sugere e traz informações que permitem identificar a estação do ano, o clima e período do dia em que transcorre a ação.

Em *A Exceção e a Regra*, encenada em 1962, Strehler propunha uma luz homogênea, sem sombra, refletida por placas de metal. Na montagem de *Galileu Galilei*, de 1963, usa uma luz branca com lâmpadas de quartzo, também refletindo-se sobre placas de metal polido[42].

A experiência de Strehler com a luz busca referências na realidade para depois reinventá-las com auxílio das tecnologias. Jatos intensos, despejados verticalmente no palco, recriam nele efeitos similares à luz natural.

A LUZ PARA OS DIRETORES DO CARTEL

É por meio da luz que as unidades visuais da cena se organizam, estabelecendo hierarquias, equilíbrio, clareza, ritmo. O cenário, os figurinos, os objetos e principalmente os atores, com seus gestos e expressões, adquirem contorno, materialidade e significado ao receberem luz.

Longe de ser um iluminante passivo, ou algo que se restrinja a imitar reflexos da realidade, a luz constitui uma ferramenta poderosa da encenação, capaz de relacionar cenas, objetos e seres no espaço.

A luz permite coesão e síntese ao discurso cênico, à medida que transporta a ação no tempo e no espaço, realiza as transições e suprime o que está subentendido.

Por outro lado, reinventa o objeto, como se ele estivesse sendo visto pela primeira vez. Revela sua materialidade, contornos, dobras, curvas e ondulações; sugere profundidade, realça a cor, o peso, o brilho, a opacidade ou a sua transparência. O espectador, mesmo sem sair do lugar, pode ter uma impressão visual completa dos objetos, como se os estivesse vendo sob todos os ângulos.

Um dos primeiros a explorar os efeitos que a luz produz sobre o cenário foi Jessner, ao utilizar um sistema de escadarias praticáveis na encenação de *Guilherme Tell*, em 1919: um emaranhado de degraus complexos permitia deslocar a cena para várias direções e em diversas alturas[43].

---

42 Cf. O. Aslan, Un Chemin de connaissance, em O. Aslan (org.), *Strehler*, p. 90. (Les Voies de la création théâtrale, v. 16.)
43 Cf. S. Dhomme, op. cit., p. 181.

A valorização da tridimensionalidade na concepção cenográfica, de decisiva importância para a investigação da luz, encontra referências nas montagens dos diretores do *Cartel* (grupo francês formado em 1926 com o intuito de combater o teatro comercial e o convencionalismo acadêmico da Comédia Francesa), formado por Gaston Baty (1884-1952), Charles Dullin (1885-1949), Louis Jouvet (1887-1951) e Georges Pitoëff (1884-1939).

Gaston Baty emprega praticáveis no cenário, para facilitar as mudanças e imprimir dinamismo às cenas, além de usar escadarias para explorar a dimensão de altura do palco, a exemplo das concepções de Craig, com suas maquetes de linhas e volumes de forte tendência à verticalidade.

Em *Crime e Castigo*, de 1933, Baty utiliza uma escadaria que diminui a largura do palco e estabelece uma faixa estreita na vertical; em outros espetáculos, como *Madame Bovary*, de 1936, explora várias dimensões do palco ao mesmo tempo, da altura à largura, do proscênio ao fundo, da cena particular aos vastos panoramas[44].

Charles Dullin, desenvolvendo trabalhos em seu próprio teatro (o Atelier), adotou construções mais complexas ao lidar com a tridimensionalidade.

Em *A Paz* (1932), multiplica os planos de representação para melhor atender à variação dos movimentos e os agrupamentos dos atores em cena.

Na montagem de *O Avarento*, de Molière, encenado em 1943, recorre ao cenário simultâneo, com diversos locais representados ao mesmo tempo, onde transcorrem as cenas.

O conceito de pirâmide como construção cênica para explorar a dimensão de altura do palco e descrever hierarquias tem um bom exemplo em Pitoëff, na montagem de *Um Inimigo das Leis*.

Pitoëff, assim como Dullin, utilizou a construção em pirâmide para multiplicar planos de representação e obter clareza nos movimentos dos atores.

Na Rússia, os cenários construtivistas na década de 1920, de arquitetura abstrata, combinavam andaimes, escadas e estrados praticáveis.

---

44 Cf. R. Cogniat, op. cit., p. 87-125.

LUZ E CRIAÇÃO 65

O construtivismo de Meierhold (1874-1942) rejeitava o decorativismo da cena e os elementos suspensos, propondo a fixação dos corpos no solo, efeitos não pictoriais, utilitarismo dos dispositivos cênicos (necessários ao trabalho do ator) e a construção em três dimensões.

Na encenação de *O Corno Magnífico* (1922), do belga Fernand Crommelynck, rodas giravam sugerindo um moinho de vento, o que precisou de uma adaptação adequada dos figurinos dos atores e um uso do espaço baseado no jogo teatral, no aproveitamento das construções para fins de quedas, lançamentos no ar, rotações e desaparições. "O dispositivo elaborado por Liubov Popova (1889-1924), bastante grande e complicado, foi inteiramente utilizado nas diferentes partes da representação"[45].

A cenografia, sobretudo na primeira metade do século XX, liberta-se da função mimética de simplesmente ilustrar o texto e passa a investigar a tridimensionalidade cênica por meio de construções arquitetônicas.

Essa tendência modifica as proporções de cena, altera as noções tradicionais de perspectiva do palco italiano, desafia questões de ordem e simetria, cria dispositivos fixos e móveis que permitem explorar principalmente a dimensão de altura do palco, além de buscar novas soluções para as transições cênicas, com movimentos coletivos e cenas simultâneas.

A LUZ NO TEATRO DE ROBERT WILSON

A luz é um componente essencial para o diretor americano Robert Wilson criar as suas imagens cênicas, uma espécie de "varinha mágica", como ele mesmo diz, por meio da qual ele pinta, constrói e compõe a cena. Cenário para Wilson, diz Tom Kamm, cenógrafo de *The Civil WarS*, "é uma tela para a luz tocar como se fosse tinta"[46].

Adepto de uma cena visualmente "limpa" e "definida", Bob Wilson busca hierarquizar os contrastes de luz, estabelecendo dominâncias e pontos secundários, permitindo ao espectador

---

45 I. Aksenov, O Construtivismo Espacial na Cena, em J.R. Redondo Júnior (org.), op. cit., v. II, p. 132.
46 Apud. A. Holmberg, *The Theatre of Robert Wilson*, p. 121.

o tempo necessário para explorar as diferentes unidades visuais da cena e a harmonia da composição como um todo.

Em sua concepção, a luz possibilita construir as formas no espaço, alterando-as continuamente. Não são as palavras, diz ele, que dão vida ao teatro, mas o espaço, cuja construção é possível ver por meio da luz. Outros diretores leem o teatro por intermédio do texto; Wilson o lê por intermédio da luz. "Eu sempre começo com a luz. Sem luz não há espaço. Um espaço diferente é uma realidade diferente"[47].

Para Bob Wilson, a luz é o que dá ritmo e fluidez à cena, agindo diretamente sobre a percepção.

Em *Quartet*, utiliza nada menos que quatrocentas mudanças de luz em uma hora e meia de peça. É como se a luz fosse música, operando várias mudanças, mas de modo inesperado, quase imperceptível.

Como o pintor Cézanne, Wilson provoca tensão em contrastar profundidade e achatamento. Usa muita luz lateral, sem tocar o chão, focalizando apenas os atores, para lhes dar plasticidade, realçar seus traços dimensionais e recortá-los no espaço. Os objetos e os atores são iluminados separadamente, estabelecendo uma diferença textural que os caracteriza. Dá preferência à oposição amarelo-azul, empregando a cor fria para rosto e mãos e a cor quente para o restante do corpo. É o que faz em *Quartet*, com Lucinda Childs, comparando o efeito com o *zoom* do cinema. A temperatura da cor tem um papel fundamental na iluminação de Wilson, mestre em produzir efeitos atmosféricos.

A combinação de luz, telas, projeções e elementos cenográficos criam uma vista panorâmica, absolutamente difusa, sem recortes seletivos, característica de *Life and Times of Joseph Stalin* (1973), *I Was Sitting on My Patio this Guy Appeared I Thought I Was Hallucinating* (1977), *The Forest* (1988), *Einstein on the Beach* (1976), *Lohengrin* (1998) e *Peer Gynt* (2005).

Trabalhando simultaneamente com volumes e superfícies planas, Wilson contrapõe a presença do ator às imagens projetadas no fundo. O palco é visto como um quadro, preenchido na sua totalidade.

---

47 Idem, p. 122.

LUZ E CRIAÇÃO

Em *Vida e Época de David Clark* (1974), a luz difusa parece banhar o universo mágico do autor, repleto de silêncio e plasticidade, com uma claridade homogênea, dotada de harmonia, equilíbrio, alinhamento e proporção.

A formação inicial de Bob Wilson foi em pintura e arquitetura, passando a dedicar-se ao teatro em 1969. Não estranha, portanto, a forte tendência plástica em sua obra.

Catherine Mounier, ao analisar um de seus espetáculos (*Edison*, encenado em 1979) traça um paralelo com a pintura do hiper-realismo, notadamente de Dan Eddy (1944), com seus signos recortados flutuando sobre a cena. "O teatro de Wilson é um hiperteatro: totalidade real e absoluta, autônoma, sem exterior, com eventos obedecendo às suas próprias leis"[48].

Edison (Thomas Edison) é um espetáculo que fala sobre luz, energia, duração e simultaneidade, apresentando uma sucessão de imagens que passam – aliás, a cena como passagem é característica da obra de Wilson.

A concepção de luz nesse espetáculo busca criar uma impressão pictorial, com a mesma claridade quase o tempo todo, com um outro efeito para acentuar detalhes, à maneira dos procedimentos utilizados por Strehler.

O trabalho de Bob Wilson, no que diz respeito à concepção de espaço, tempo e luz vinculada à cena, constitui uma das principais referências da cena contemporânea.

As relações entre luz-espaço, luz-tempo e luz-corpo alcançaram, na obra de Wilson, um traço muito pessoal, que não deixa de prosseguir e ampliar a experiência de vários antecessores, não só do teatro e da dança (Appia, Craig, Kantor, Strehler, Rosenthal, Nikolais) quanto das artes plásticas (Kandínski, Hopper, Dan Eddy).

A ideia de "pintar" com a luz, de organizar a composição visual, de articular as formas e construir o espaço, nas encenações de Bob Wilson, traz novas contribuições ao teatro, com repercussões diversas.

---

48 Le Monde de Robert Wilson, em D. Bablet, *V. Garcia, B. Wilson, G. Tovstonogov, M.Ulusoy*, p. 156. (Les Voies de la création théâtrale, v. 12.)

LUZ E MOVIMENTO

No Brasil, o Grupo Corpo, de Belo Horizonte, tem desenvolvido um trabalho em dança que busca integrar luz e movimento, recorrendo, muitas vezes, à contraposição dimensional. Projeções de imagens e figuras geométricas combinam-se com as movimentações do corpo na tridimensionalidade.

No espetáculo *O Corpo*, de 2000, a iluminação concebida por Paulo Pederneiras estabelece um quadrado branco projetado sobre uma grande superfície vermelha, lembrando as experiências pictóricas do mentor do suprematismo, Kasimir Malevitch (1878-1035), autor do *Quadro Negro sobre Fundo Branco*. Em muitos espetáculos do Grupo Corpo, o espaço é pensado de forma geométrica[49], contribuindo para isso a luz, com a sua facilidade de recortar e traçar o espaço.

A luz como radiação eletromagnética – a trocar energia, matéria e informação com a cena, muito à maneira de Brecht e Grotowski, sem a menor intenção de usá-la para fins ilustrativos e ilusionistas – caracteriza as montagens do Grupo Cena 11 Companhia de Dança, de Florianópolis, sobretudo no espetáculo *Skinnerbox*, de 2005. Trata-se de uma luz geral branca, homogênea, não ausente, mas em tensão constante, porque intensa, viva, estritamente vinculada à cena.

A ausência de recorte na iluminação de *Skinnerbox* não produz monotonia. Ao contrário, a vitalidade da luz se deve à profusão, à dimensionalidade e à intensidade acompanhando *pari passu* a incursão espaço-temporal dos movimentos. A presencialidade das cenas jamais pediria uma luz retórica que não participasse da continuidade e da concomitância da cena.

A ELOQUÊNCIA DA LUZ NO TEATRO DE GERALD THOMAS

Altura e tridimensionalidade no cenário e na luz adquirem notoriedade nas encenações do diretor teatral Gerald Thomas,

---

49 M. Giannotti, Reflexões Sobre o Corpo e o Espaço, em Inês Bogéa (org.), *Oito ou Nove Ensaios Sobre o Grupo Corpo*, p. 38.

LUZ E CRIAÇÃO 69

em montagens realizadas no Brasil (com a Companhia Ópera Seca, criada em 1985) e no exterior.-

Na *Trilogia Kafka*, encenada por Thomas em 1988, com a Ópera Seca, a iluminação se apoia sobretudo nas noções de lateralidade e altura. Jatos intensos de luz, despejados lá de cima, permitem ver as prateleiras das estantes (de sete metros de altura) abarrotadas de livros do chão até o alto, enquanto focos laterais são projetados sobre os atores, com efeitos que remetem às pinturas barrocas.

A valorização da dimensão de altura nos espetáculos do diretor também se dá a ver na montagem da ópera *Narcissus* (1994): várias imagens aparecem na tela de fundo do palco, nos níveis baixo, médio e alto. A luz é projetada obliquamente sobre a tela, lá do alto, como se vazasse por uma fresta, estabelecendo um diálogo entre o espaço interior e exterior. O efeito remete às réstias de luz projetadas da esquerda, em ângulo alto, em *Ronda Noturna* (1642), de Rembrandt.

Em *Circo de Rins e Fígados* (2005), a cena tem comprimento, profundidade e altura: os olhos percorrem toda a extensão do palco, desde o nível baixo, onde estão os atores, até os níveis médio e alto, com as projeções de fundo, no ciclorama.

A noção de altura em palco italiano, explorada pela cenografia e pela luz, encontra referências em Craig (*Electra,* 1905, e *Rei Lear*, 1908), Appia (1910, montagem de texto de Schiller), Svoboda (*Hamlet,* 1965, e *Os Neófitos*, 1968) e de modo geral nas montagens de Bob Wilson.

A dimensão de comprimento, valorizando esquerda e direita, foi fartamente explorada na concepção de luz de Jean Rosenthal para a Martha Graham Dance Company, de 1934 a 1969, e nos espetáculos do coreógrafo Alwin Nikolais.

No teatro brasileiro, o uso intensivo da luz lateral, como empréstimo da dança, se faz ver sobretudo na montagem de *Eletra Com Creta*, de Gerald Thomas, em 1986. Nesse espetáculo, com cenografia assinada por Daniela Thomas, havia três corredores separados por telas transparentes, recortando o espaço em frente, centro e fundo. A luz projetada permitia "que as personagens aparecessem e desaparecessem do palco, por meio de jogos visuais que fascinavam o espectador"[50]. Os três corredores, em tom sépia, separavam-se ou reuniam-se num só, conforme as combinações de luz. O espetáculo trazia para os nossos palcos, provavelmente pela primeira vez, a teatralidade de um jogo antes de tudo perspectivista e tridimensional, buscando vinculação entre cena e luz.

Em *Eletra Com Creta,* a incidência lateral da luz, até então mais típica dos espetáculos de dança, para esculpir e modelar o corpo, dividia o palco em corredores, cumprindo um papel predominantemente expressivo. Sua forte intensidade interferia na caracterização do espaço e na dimensionalidade dos corpos; consequentemente, provocava uma mudança na forma de olhar.

O trabalho de Gerald Thomas traz à discussão a importância da luz no teatro, projetada de diversos ângulos e com uma função primordial no espetáculo. Até então, a lição de Alwin Nikolais, um mestre na arte da luz, tivera repercussão apenas na dança, sem chegar ao teatro, pelo menos no Brasil. Na década de 1980, os espetáculos de dança já adotavam, de modo institucionalizado, a luz lateral, como essencial para acompanhamento dos movimentos. O teatro brasileiro, nessa época, poucas vezes recorria à luz lateral, dando mais importância à luz frontal e à contraluz. A iluminação de Gerald Thomas retirou a frontalidade como fator essencial, priorizando a luz projetada de dentro do palco e os focos laterais, realçando os efeitos com uso de fumaça.

A LUZ NO DISCURSO NARRATIVO

As relações da iluminação cênica com o cinema decorrem principalmente do aproveitamento da luz como recurso narrativo do espetáculo.

Na peça *Nossa Cidade*, de Thornton Wilder, a luz é essencial para as mudanças narrativas no tempo e no espaço. A peça descreve o cotidiano dos moradores de uma pequena cidade, em diferentes ambientes e momentos do cotidiano. São as mudanças de foco, distribuídos em vários pontos do palco que movimentam a narrativa, juntamente com as informações que provêm

---

50 S. Fernandes, *Memória e Invenção*, p. 17.

dos diálogos e das intervenções do narrador. Em Wilder, a luz é particularmente essencial, uma vez que o seu teatro trabalha com sugestão e não com cenários construídos.

Os textos de Eugene O'Neill, Tennessee Williams, William Gibson, Arthur Miller, Dürrenmatt, Nelson Rodrigues e Jorge Andrade também mencionam ou pressupõem o uso da luz na operação das mudanças de tempo e espaço.

Em *Um Panorama Visto da Ponte*, de Arthur Miller, que aborda a imigração clandestina nos Estados Unidos, as cenas transcorrem mediadas por um narrador, que vai comentando os fatos e transportando a ação de um lugar e tempo ao outro. Em *O Milagre de Annie Sullivan*, de William Gibson, as sequências no quarto, na sala e na parte externa da casa, constituem referências para mediação da luz como articulador sintático da narrativa.

Em *Vestido de Noiva*, de Nelson Rodrigues, as mudanças nos três planos da narrativa se permitem também por meio das variações de luz.

Na maioria das peças de característica narrativa, que rompem com a lei das três unidades (tempo, espaço e ação), a luz tem uma participação fundamental: apaga-se depois de uma cena em determinado tempo e lugar para tornar a acender no dia seguinte ou tempos depois, no mesmo local ou em outro. A luz torna-se imprescindível ao dar mobilidade à narrativa e coesão ao discurso cênico.

No Brasil, o primeiro ponto de referência para o entendimento do que a iluminação representa na engrenagem narrativa é a histórica montagem de *Vestido de Noiva*, encenada em 1943 por Ziembinski. O plano de luz que o diretor concebeu para a peça continha 132 efeitos diferentes para 140 cenas, "fato inusitado na iluminação cênica de nossos palcos, principalmente pelas suas intenções poéticas e dramáticas, servindo para conduzir a narrativa nos seus três planos de desenvolvimento: plano da realidade, da memória e da alucinação"[51].

Além de diretor, Ziembinski era também iluminador, o que contribuía bastante para articular essas duas dimensões práticas com a construção elaborada pelo cenógrafo Santa Rosa

---

51 E. Mostaço, Aspectos da Iluminação no Teatro, *Folhetim Teatro do Pequeno Gesto*, n. 25.

(1909-1956). Fotos e registros dão conta de uma iluminação, como diz Mostaço, vinculada principalmente à estrutura narrativa do texto, em seus diferentes planos.

Mesmo que tenha havido experiências anteriores, é a Ziembinski que se deve o pioneirismo, no Brasil, em tratar a iluminação como um dos vetores de articulação da estrutura narrativa. As montagens que vieram em seguida, aprofundaram a noção de foco narrativo, concentrando-se não apenas em grandes planos distintos de espaço e tempo, mas também em unidades menores, adotando o foco concentrado em objetos, detalhes de expressão e gestos.

Enquadramento, desenquadramento, *close*, plano americano, captação por ângulo baixo ou alto e até alguns procedimentos de montagem como sobreposição, justaposição e *fade*, tão frequentes na iluminação cênica, remetem à linguagem cinematográfica.

Para realçar algo, a iluminação recorre não ao isolamento completo do objeto, como se só existisse ele em meio à escuridão, sem outra referência. Ao contrário, o realce ocorre ao destacar apenas uma das unidades do conjunto, adotando para isso o foco seletivo, a diferença de intensidade ou o contraste por meio da cor.

A luz com finalidade de realce tem um forte poder de deslocamento. Ao concentrar-se num ponto, sem apagar os demais, a iluminação consegue deslocar esse ponto de um conjunto difuso, sublinhando-o, indicando-o claramente como se fosse uma seta apontando para algum lugar. O recurso de ênfase sobre unidades visuais do conjunto remete ao enquadramento na imagem cinematográfica: uma forma de direcionar o olhar não para o conjunto difuso da imagem, mas para aquilo que a câmera pretende que seja visto em primeiro plano. O realce provoca o deslocamento do todo para a parte, destacando uma unidade dentre as demais.

Na montagem de *I Was Sitting on My Patio this Guy Appeared I thought I Was Hallucinating* (Eu Estava Sentado no Meu Pátio, Esse Cara Apareceu e Pensei Que Eu Estava Tendo Alucinações), de Bob Wilson, em 1977, há um foco projetado uns dez minutos sobre um telefone, realçando-o; em seguida, surgem três portas no fundo do palco, iluminadas por contraluz, projetando corredores diagonais no chão. O palco é marcado por territórios que criam uma hierarquia visual.

Outras vezes, a intenção é recortar uma das áreas de atuação do palco, para que o espectador veja apenas aquele ponto onde transcorre a cena, de modo que as demais áreas sejam ignoradas, permanecendo no escuro. O efeito lembra a elipse visual, em que o essencial se mantém, enquanto os elementos subentendidos são subtraídos. Tudo aquilo que não interessa ser visto é simplesmente eliminado (por obscurecimento) para que o olhar possa se concentrar em um só ponto. Sob esse efeito, as personagens ou elementos cênicos aparecem completamente sós, como se tivessem perdido a relação com as outras coisas. O que se vê na escuridão do palco é apenas aquilo que a luz permite ver, numa relação do quadro consigo mesmo.

Na montagem de *O Despertar da Primavera*, de Frank Wedekind, pelo Grupo Boi Voador, sob direção de Ulysses Cruz, em 1986, o palco ficava totalmente às escuras, apenas com um friso de luz de um elipsoidal projetado sobre um pequeno vaso de flor, que então adquire proporções gigantescas.

Ao isolar uma unidade ou parte dela, a luz consegue ampliar sua presença, exatamente pela perda da referência de tamanho. Um rosto parece muito maior do que se estivesse sendo visto sob uma luz difusa; o gesto das mãos torna-se mais expressivo, mais amplo.

Em *Carmem com Filtro 2* (1989), sob direção de Gerald Thomas, a iluminação decupa o corpo (da atriz Bete Coelho) fazendo dele uma representação metonímica. "O efeito acontece quando, na obscuridade total, apenas um fragmento do corpo é iluminado ou nas sequências em que o foco vai se fechando para deixar apenas seu rosto visível, como na cena da morte"[52].

Tal efeito tem poder condensador: reduz a variedade de significações e aumenta a presença e a densidade do elemento que se pretende evidenciar. A vantagem é proporcionar concisão ao discurso visual, síntese, clareza e rapidez no processo de comunicação. Seu correspondente no cinema seria o *close*: aproxima o objeto para revelar seus detalhes, limita o espaço e permite que o signo se relacione consigo mesmo. Evidentemente,

---

52 S. Fernandes, op. cit., p. 141.

74 FUNÇÃO ESTÉTICA DA LUZ

há nisso um ganho proxêmico: o espectador se aproxima da intimidade do ser.

Em *Mattogrosso* (1989), de Gerald Thomas,

a luz pode destacar um ponto, colocando em *close* a figura esquálida de Ernst Matto, para desfocá-la em seguida, impedindo o anti-herói de chegar ao seu objetivo. Geralmente é um foco branco-azulado que serve para destacar as figuras e isolá-las da prolixidade dos movimentos que as circundam. É um verdadeiro *close* cinematográfico que aproxima do público o Bispo[53].

Em *Eletra Com Creta*, o acordo entre cenário e luz dá a ver a noção clássica de perspectiva, com os respectivos informes proxêmicos: o que está aqui, o aquém e o além. Thomas resolve a questão da mobilidade e da simultaneidade por aproximação e afastamento do signo no espaço em relação ao espectador.

Matogrosso, destaca a relação entre luz e textura. *Unglauber*, explora a verticalidade, a contraluz, a silhueta. *The Flash and Crash Days*, explora a lateralidade, a não regularidade, a sombra, a imprecisão. Em *Narciso* é a luz difusa, o palco todo, principalmente a altura.

No teatro de Gerald Thomas, a luz adquire uma importância fundamental, vinculada à direção e à concepção geral do espetáculo. Não se trata de um desenho realizado a partir de algo preexistente, mas de um poderoso recurso de expressão, intimamente vinculado à concepção do espetáculo, às unidades visuais e sonoras, à concepção de tempo e espaço.

Outra estratégia da luz comumente empregada em cena é a suspensão, que também tem correspondências no cinema. O objeto é completamente obscurecido, impedido de ser visto, a não ser por sua silhueta e seus contornos. O recurso mais empregado nesses casos é a contraluz.

A contraluz, comumente empregada em combinação com as luzes frontais para rebater a intensidade e o brilho destas, bem como para acrescentar dimensionalidade às cenas, torna-se um poderoso meio de expressão quando utilizada sozinha, produzindo silhuetas, contornos, sombras.

---

53 Idem, p. 65.

LUZ E CRIAÇÃO

O efeito de suspensão opõe-se ao realce e ao recorte isolado. Enquanto estes procuram evidenciar a informação visual, a silhueta provoca expectativa e suspense. O espectador não consegue identificar, claramente, de quem são aquelas silhuetas que se movem no palco. Essa é, aliás, a intenção dessa luz: esconder, mostrar pelo lado de trás, inverter a imagem e, consequentemente, suspender ou dificultar o processo de comunicação. O fato de um efeito desses provocar uma suspensão na continuidade visual do espetáculo decorre da necessidade expressiva de transgredir e inverter o objetivo habitual da luz, que é focalizar de frente.

Muitos diretores e coreógrafos se expressam fundamentalmente por meio da luz. Para Bob Wilson, criador de um teatro onde a imagem e a figura tridimensional se articulam, produzindo uma composição visual com hierarquias que permitem perscrutar signo por signo, "a luz é a parte mais importante do teatro; ela traz tudo e tudo depende dela; eu pinto, construo e componho com a luz", diz Wilson[54].

Nos espetáculos de dança, a luz expressiva, nas suas diversas acepções, é a predominante. De fato, é a que mais permite acompanhar a dinâmica dos movimentos. As transições bruscas, lentas, suaves, os saltos, os giros, as piruetas, os jetés, as inscrições nas diagonais e círculos alteram, reformulam, reescrevem, reinventam a todo instante a busca visual do público. Não é outra senão a luz expressiva que oferecerá o olhar caleidoscópico de que o espectador necessita para ver e ler a dança.

Para o coreógrafo Alwin Nikolais, as relações entre corpo e ambiente se dão por meio da luz. Com suas projeções sobre o corpo e figurino dos bailarinos, alterando e confundindo os modos de percepção, Nikolais antecipa uma série de experiências cênicas que envolvem luz, projeções e tecnologias digitais.

A luz para fins expressivos traz referências que vem desde o tenebrismo de Caravaggio, com seus fortes contrastes de luz e sombra, até o cubismo de Picasso, com a geometrização das formas no espaço e as colagens de Max Ernst (1891-1976). Traz referências, também, do ilusionismo bidimensional, da recusa

---

54 Apud A. Holmberg, op. cit., p. 121.

à perspectiva e presença agressiva de contrastes e cores, via expressionismo de Kirchner e Nolde. Em *Peer Gynt*, de Bob Wilson, os fundos azuis, com sobreposição de figuras flutuantes, em primeiro plano, remetem ao céu azul de Kandínski, onde flutuam brinquedos infantis, seres estranhos, figuras biomórficas e ectoplásmicas. O realismo de Hopper, com a intensa luz de interiores (farmácia, quartos, escritórios, cafeterias) contrastando com a penumbra do lado de fora, e os efeitos de luz produzidos a partir da utilização de janelas (que remetem a Vermeer) encontram correspondências sobretudo nas encenações realistas.

LUZ NA ERA DIGITAL

As contribuições da tecnologia virtual ampliaram as possibilidades de expressão, articulando imagens reais, sob luz de refletores, com imagens virtuais.

As tecnologias, primeiramente aproveitadas para as notações coreográficas e análise dos movimentos via gráficos digitais, no trabalho de muitos coreógrafos, como Merce Cunningham (1919--2009) e William Forsythe, não tardaram a entrar em cena, sobretudo na dança, atuando dentro do processo de criação. Segundo M. Spanghero, "Desde os anos 60, Cunningham demonstra interesse em associar a dança aos novos suportes midiáticos, ao realizar, entre outros, o inovador *Variations v*, em 1966"[55].

Projeções digitalizadas coexistem com o efeito dos refletores, retomando e ampliando as experiências híbridas já percorridas principalmente por Svoboda e Nikolais, agora com auxílio de programas e recursos computadorizados, que permitem estreitar vínculos e relações entre cena e luz, cena e tecnologia.

A companhia alemã Palindrome, do coreógrafo e bailarino Robert Wechsler, com seus modos interativos de performance, utiliza luz em combinação com tecnologias digitais; a companhia australiana Company in Space, fundada em 1992, aplica novas tecnologias ao movimento: em *The Light Room* (A Sala de Luz), integra luz, fala, dança e recursos digitais.

---

55 *A Dança dos Encéfalos Acesos*, p. 43.

O espetáculo *Invisible* (2002), da Compagnie Magali et Didier Mulleras cria efeitos que confundem luz e imagens digitais sobrepostas. A oposição luz-sombra comunica aprisionamento e fuga por labirintos de saídas improváveis. O cenário é a projeção de um trilho de trem, que passa entre duas telas verticais, onde são projetadas imagens em movimento. Enquanto os bailarinos dançam sobre o trilho, vão correndo imagens dos dois lados do túnel por onde passa o metrô em alta velocidade. A construção sugere o contraste entre a mobilidade tridimensional dos corpos e a imagem bidimensional do túnel, vista na velocidade do trem. O espetáculo contrapõe sombras ao brilho das imagens digitalizadas e à claridade halógena dos refletores. O trabalho da Mulleras, explorando recursos de multimídia, resgata e desenvolve a experiência pioneira de associar cenografia, luz e projeção desenvolvida por Svoboda.

Em *Mazurca Fogo* (2000), de Pina Bausch, o cenógrafo Peter Pabst utilizou uma construção cheia de relevos, que vinha do fundo e inclinava-se até quase o centro do palco, representando um penhasco exposto ao mar. A superfície irregular das pedras criava alternância de reflexos, dependendo do ângulo da luz e das projeções de imagens no ciclorama.

A fusão dança-luz-som da companhia S20, de Hiroaki Umeda, o trabalho de Ushio Amagatsu, da companhia Sankai Juku e as performances do australiano Stelarc são outros exemplos da inserção tecnológica em cena, seguindo uma história que vem desde o pioneirismo de Loïe Fuller, a lanterna mágica de Svoboda, as projeções de Nikolais, passando pelo 16 mm, Single 8, Super 8, VHS, DVD até os recursos digitais mais recentes.

Em *Luminous* (2001), da companhia japonesa Karas, de Saburo Teshigawara, o tempo é percebido por fragmentos nos reflexos de luz produzidos em pedaços de vidro; na dança de Rachid Ouramdane, *Les Morts pudiques* (Os Mortos Pudicos, 2004), a luz produz reflexos especulares na máscara mortuária que ele manipula, criando expressões vivas em torno dos olhos e dos lábios.

No palco, a incursão pelas tecnologias digitais chega também por influência da *performance art*, das instalações, do minimalismo e do pós-minimalismo.

Nas instalações do dinamarquês Olafur Eliasson, a luz é o centro das atenções. Em *The Weather Projects* (Projetos do Tempo, 2003), há um círculo amarelo produzido com lâmpadas de monofrequência, que monopoliza os olhares; no teto, há um espelho que reflete os visitantes, como pontos sombreados dentro de uma luz laranja.

As explosões de luz do pioneiro da *light art* James Turrell, informam que o espaço pode ter massa e peso, ainda que construído apenas por meio da luz. Na instalação *The Light Inside* (A Luz Interior), de 1999, Turrell recorre a neon, plástico e vidro para criar estados e situações de luz.

O italiano Fabrizio Plessi, com suas videoinstalações, utiliza ferro, aço, pedra e luz. As esculturas do italiano Gilberto Zorio, do movimento *arte povera*, examina as propriedades da eletricidade, por meio de lâmpadas e tubos incandescentes.

As contribuições das artes visuais ao teatro e à dança são inúmeras. Como não há nenhuma forma de arte visual que não investigue os poderes da luz, as contaminações e correspondências são previsíveis.

Experiências ligadas ao minimalismo, à arte conceitual, à *op art* e à *arte povera*, entre outras tendências, sem dúvida repercutiram nos palcos. Nicolas Schöffer, da arte cibernética e interatividade, apresenta esculturas de alumínio policromo e plexiglas, com movimentos contrastantes e mecanismo elétrico, neons coloridos e projetores: toda superfície é transformável em *light wall*, a partir de projeções móveis e coloridas. Keith Sonnier é um dos primeiros a utilizar a luz na escultura, na década de 1960, associando-a a objetos e coisas luminosas em si; Mario Merz, ligado à *arte povera*, também buscou relacionar energia e luz.

3. Luz e Representação

No teatro visto como representação da realidade, principalmente no de estilo realista, os atores sobem ao palco para representar uma situação ficcional que, de alguma forma, toma por base a realidade ou a ela se refere. A situação ficcional, então mostrada ao público, contém personagens que habitam um determinado espaço: uma casa, um palácio, um jardim, um escritório etc. Por sua vez, esses ambientes possuem características diversas quanto à luz. Cabe à iluminação cênica recriar ou sugerir tais ambientes, de forma que os diferencie uns dos outros.

No entanto, o conceito de representação é muito mais amplo que a simples recriação de situações reais. Essa é apenas uma das possibilidades, bastante explorada no realismo. Contudo, a representação da realidade não se dá apenas no realismo, mas também em outros estilos.

O teatro é, por excelência, a arte das referências, da sugestão. Muitas vezes, uma simples menção é o que basta para remeter o espectador a uma dada realidade que se pretende representar. Um foco projetado obliquamente numa cena pode não ser a representação completa de um ambiente real, mas consegue expressá-lo e referir-se a ele. Enfim, pode representá-lo, ainda que parcialmente.

A imagem que se cria a partir da realidade varia de uma arte a outra. O cinema e a fotografia conseguem captá-la com rigor de detalhes. Já o teatro tem certas restrições. Mas, por outro lado, seu poder de sugestionamento é capaz de envolver o espectador e criar nele uma impressão de realidade tão forte quanto as formas de representação que tentam imitar detalhadamente a realidade.

A consciência de que a luz é um poderoso meio de representação e expressão da realidade foi sendo adquirida aos poucos, nas diferentes artes. Luz estática, nas representações planas e luz dinâmica no teatro, conforme diz Appia.

No domínio da imagem plana, a pintura do século XVII já contém exemplos de luz como elemento de forte representação da realidade e conteúdo expressivo. Antes disso, a retratação da realidade e a representação de cenas bíblicas adotavam, quase sempre, uma uniformidade de luz. Contrastes e diferenças de tonalidade estabeleciam-se a partir da aparência natural das cores, e não a partir de sobreposições explícitas da luz.

Em muitos quadros de Giotto (1266-1337), as sombras nas dobras das roupas, por exemplo, seguem uma causa lógica, porém numa relação mais anafórica com a realidade que propriamente com as condições físicas das cenas retratadas.

Em Piero della Francesca (1410-1492), as oposições de cor e configuração continuam marcadas por elas próprias, no que possuem de claridade imanente, apesar da nítida presença de uma luz sideral, de efeito difuso, que produz sombras, sobretudo nas roupas e nos pés, evidenciando a existência de uma claridade onipresente, que condiciona tudo, sob o azul do céu.

Um dos primeiros na pintura a estabelecer um ponto definido para incidência da luz é Van Eyck (1390-1441). A presença de uma janela à esquerda, no *Casal Arnolfini*, de 1434, traz a luz para dentro de um quarto e produz sombras realisticamente motivadas. Agora já se percebe uma interferência visível sobre a claridade das superfícies mostradas. Esses efeitos de luz e sombra têm uma explicação lógica, antecipando a plástica do barroco, sobretudo de Caravaggio, Velázquez e Georges de la Tour, na qual a luz é um elemento que interfere na configuração do espaço.

LUZ E REPRESENTAÇÃO 81

No século XVII, quando o teatro ainda se via às voltas com a questão da visibilidade nas salas fechadas, dada a precariedade das velas, a pintura já reformulava a concepção de luz na imagem plana. Caravaggio (1571-1610) praticamente ofusca a claridade imanente das superfícies representadas, condicionando-as aos seus jatos direcionados de luz, procedentes de fontes não explicitamente citadas. Nem janelas, nem portas aparecem nas cenas. No entanto, vê-se uma luz que incide diretamente sobre as personagens, de forte efeito expressivo. Adotando a luz lateral vinda da esquerda, Caravaggio representa a realidade com a luz seletiva, recortando figuras no espaço. As transições do claro para o escuro são bruscas, ao gosto da contrastividade barroca.

Se Caravaggio não menciona de onde provém a luz, deixando uma dúvida inteligente entre a intenção imitativa e a intenção puramente expressiva, Diego Velázquez (1599-1660) e Georges de La Tour (1593-1652) condicionam suas figuras a uma claridade que provém de fontes diretamente mencionadas. Em Velázquez, há portas e distribuição de planos que justificam os efeitos. Georges de La Tour, especialista em retratar cenas noturnas, utiliza a luz seletivamente. Seus quadros sobre Maria Madalena, Jesus recém-nascido e São José Carpinteiro destacam o rosto da personagem, iluminado só por luz de vela. Nos quadros de Caravaggio, a luz é projetada de fora; em La Tour, a luz do pavio queimando comunica um silêncio misterioso, íntimo, reflexivo, dentro de uma escuridão serena.

Um outro pintor desse período, também com a atenção voltada para a questão da luz, é Johannes Vermeer (1632-1675), que constantemente justifica os efeitos de luz colocando janelas por onde passa a luz que incide sobre os detalhes das cenas.

Os resultados obtidos por Vermeer, Velázquez e La Tour, longe de serem a luz onipresente dos renascentistas, revelam o poder interferente e diferenciador da luz na representação pictórica.

Em teatro, as tentativas de se criar efeitos representativos por meio da luz são mais bem-sucedidas a partir do final do século XIX, quando a eletricidade começa a chegar aos palcos. Em 1849, a representação de *Profeta*, de Meyerbeer, na Ópera de Paris, assinala uma experiência importante: a criação de um efeito para simular o nascer do sol, produzido com utilização da lâmpada de arco, inventada um ano antes por Foucault (1819-1868).

Simular é uma maneira de representar. Da mesma forma que o ator representa uma personagem, o cenário representa um castelo e o figurino uma época, percebeu-se, pouco a pouco, que a iluminação cênica também tinha a capacidade de representar alguma coisa: o luar, o pôr do sol, o relâmpago ou o arco-íris.

Para fins de comunicação, não importa, necessariamente, como é executado o efeito do ponto de vista técnico, desde que ele dê conta da informação que tem a transmitir. Para o espectador, o que importa é que se trata de uma representação da realidade, na qual uma luz artificial está no lugar de outra (natural, no caso), com a qual mantém uma certa semelhança perceptiva e à qual se refere.

Sabemos que as propriedades físicas da luz artificial não são as mesmas que as de uma fonte natural. De um lado se tem, por exemplo, lâmpadas halógenas em refletores com lentes; de outro, tem-se luz solar. Porém, mesmo não sendo materialmente idêntico à luz natural, o efeito da iluminação cênica pode se assemelhar a ela. O fato de ser projetado obliquamente e sob forma concentrada permite entender que se trata de uma representação de raio solar. A luz do refletor "faz o papel" do raio solar, isto é, representa-o.

Esse processo de representação baseia-se, antes de mais nada, na semelhança que tais efeitos possam ter com os modelos reais aos quais se referem. De imediato poderíamos dizer que, por mais que se queira, dificilmente haverá uma reprodução perfeita da realidade, principalmente no tocante à questão da luz. Há, isto sim, uma escala gradativa, que permite representações mais próximas ou mais distantes do objeto real que se procura representar. Até onde a imagem de uma luz permite que um olhar comum entenda a que tipo de luz essa imagem se refere, podemos delimitar a representação como processo analógico. Mas o que é analogia? Podemos dizer que os procedimentos analógicos são sempre os mesmos, em qualquer sociedade, época e cultura? Ou a analogia acompanha as mudanças?

Uma representação da realidade pode conter profusão de detalhes ou não. Há certas representações que mostram a realidade de forma bastante sintética, recorrendo só aos elementos mais importantes para a comunicação; assim como há representações excessivamente detalhistas. Nos dois casos, o que se tem é imitação, por síntese ou profusão. No entanto, conforme a época e as convenções de representação vigentes, se estabelece uma das duas tendências como modelo de representação analógica (é claro que há outras possibilidades entre essas duas). O naturalismo, por exemplo, superou o realismo no que diz respeito à capacidade de aproximação da realidade. O impressionismo não se importou tanto com os detalhes fotográficos, mas com a captação de outros aspectos que faziam parte da realidade, tais como o efêmero, o instantâneo e o atmosférico, propondo um conceito de analogia que ainda não havia sido explorado em pintura.

A ANALOGIA COM A REALIDADE

A diversidade de olhares sobre a realidade, tomando-a como motivação e ao mesmo tempo como objeto imediato da representação, tem mostrado, pelo menos nos últimos cinco séculos da história da arte, uma reformulação constante no conceito de analogia. Isso nos faz pensar na natureza dinâmica e evolutiva desse termo, condicionado às mudanças do tempo.

Algumas obras são mais analógicas, outras menos, porém mesmo estas sempre mantêm alguma analogia com a realidade. É esse vínculo que permite saber o que uma obra figurativa está querendo representar. O senso comum, entretanto, é constantemente levado a admitir como imitativa somente a representação muitíssimo parecida com a realidade. O que parece mais correto dizer, no entanto, é que qualquer representação é imitativa (ou analógica), desde que contenha elementos da realidade que sejam facilmente identificáveis. No caso da luz, tais elementos se expressam, por exemplo, por meio da cor, da intensidade, do sentido e direção da luz, elementos perceptíveis que remetem àquilo que se quer representar.

Por outro lado, convém distinguir "modos de representação" com "níveis de significação". O espectador não está preocupado com o "modo de representação" da realidade. Ele não vai ao teatro porque a peça é ou deixa de ser realista, por mais diferença que isso possa fazer. O que interessa a ele é entender a peça, seja de forma realista ou não.

O processo de significação dá-se em dois níveis: denotação e conotação. Quando o espectador vê um efeito de luz (produzido de modo imitativo ou não), ele entende que tal efeito quer denotar alguma coisa, isto é, quer significar algo como "relâmpago", "arco-íris", seja o que for. A partir dessa significação primeira é que ele busca entender o seu segundo significado (conotativo), dentro do contexto mais amplo da peça.

Um luar, por exemplo, pode denotar "luar", seja ele representado de forma mais aparentemente analógica (luz azul com efeito prateado), seja menos analógica (suponhamos uma contraluz de outra cor qualquer). Na medida em que se entende que o efeito se refere a luar, mesmo sendo incomum, é porque ele, efeito, denota alguma coisa.

Entretanto, se o efeito que denota "luar" (representado por semelhança ou não) tiver mais algum significado no contexto da peça (suponhamos que represente cumplicidade, traição, morte etc.) diremos que, além de denotar, o efeito produzido em cena pretende conotar alguma coisa.

Em outras palavras, a representação é primeiramente denotativa (um efeito de luz representa um luar, isto é, denota-o); em segundo lugar, a representação é conotativa (o luar conota traição, cumplicidade etc.). A conotação, portanto, passa pela denotação.

Suponhamos um efeito de luz que queira designar "tempestade". Há pelo menos duas formas extremas de se representar isso dentro dos limites da representação figurativa: por exagerada imitação (*flashes* brancos lançados contra a vidraça) ou de forma mais arbitrária (suponhamos *flashes* vermelhos disparados contra o vidro). Ora, sabemos que o raio está mais para o branco que para o vermelho. Entretanto, esses dois efeitos, evidentemente inseridos dentro de um contexto, podem denotar a mesma coisa: uma tempestade.

No entanto, se a intenção é comunicar ao público que o efeito refere-se à tempestade, e esta, por sua vez, representa uma série de tragédias que estão por vir no decorrer da peça, teremos, então, os dois níveis de significação: a denotação (tal efeito representa uma tempestade – plano da unidade) e a conotação (tal tempestade representa uma tragédia – plano do conjunto).

No caso dessa intenção dupla, a tempestade representada, suponhamos, por *flashes* vermelhos (o que é bastante estranho), cria um certo distanciamento, instigando o espectador a descobrir o porquê de a iluminação utilizar uma cor que não condiz com a realidade. Isso faz com que ele tente descobrir uma explicação para além das aparências, motivando, por assim dizer, a busca conotativa. Por outro lado, se a tempestade for representada de modo realista, o processo de busca será mais lento. Se se tratar de um espectador informado e crítico, evidentemente ele saberá relacionar uma coisa com outra. Caso contrário, ficará mais nas aparências.

Uma coisa é representar ("estar em lugar de", "fazer o papel de"), por analogia ou não; outra coisa é entender qual é a finalidade de tal representação em contextos mais amplos. É o que acontece no teatro, onde algo representa algo num determinado nível de significação, e esse algo, por sua vez, representa outra coisa, em nível mais amplo.

No caso da luz, a analogia pode não estar no efeito como um todo, mas, pelo menos, em um dos componentes desse todo: na intensidade, no ângulo escolhido, no grau de abertura e até mesmo na cor. Graças a esse vínculo mínimo de analogia, o espectador consegue entender o que quer dizer o efeito aparentemente estranho de iluminação. A denotação, nesse caso, é possível a partir de uma identidade, nem que seja mínima, de traços característicos entre o real e o representado. Uma vez que o espectador entendeu o que quer dizer determinado efeito representativo da realidade (seja esse efeito pouco ou muito parecido com o modelo real), ele passa a entender por que motivo aquilo está sendo representado, isto é, busca entender o porquê de sua inclusão no contexto da peça. Não só as representações por signos muito semelhantes àquilo que se referem pedem leitura imediata, denotativa, antes de serem entendidas em nível mais amplo, mas as próprias representações não realistas denotam alguma coisa (seu referente imediato) a partir da qual significam outra. O fato é que o processo de representação é recorrente, isto é, aplica-se aos dois níveis de significação.

A conclusão que se pode tirar, a partir dessas considerações, é que há, digamos, graus de analogia na representação de primeiro nível. Assim sendo, um luar pode ser representado de forma mais semelhante, menos semelhante ou quase nada semelhante ao objeto real. Desde que seja entendido como luar, continua sendo analógico. O que esse luar quer representar em segundo nível (conotativo) é outro problema, outra instância de representação.

ANALOGIA SEGUINDO CONVENÇÕES DE ÉPOCA

As representações analógicas seguem convenções de época. Se traçarmos o percurso da imagem representativa da realidade, desde o Renascimento até o impressionismo, por exemplo, veremos, inclusive e principalmente, no tocante à luz, um processo de evolução estética que acompanha as transformações históricas e sociais.

Em Michelangelo (1475-1564) e Leonardo da Vinci (1452--1519), a realidade é a claridade absoluta; há preocupações com detalhes nítidos, definidos, tomando por base a linearidade e a perfeição; em Caravaggio, Velázquez, Georges de La Tour e Vermeer, o real passa a ser selecionado, sob forte presença da luz, produzindo dramaticidade, tensão, contraste. Em Rembrandt (1606-1669), o que se apreende do real não é mais o detalhe, a ser captado um a um, como nos renascentistas, mas o conjunto, também subordinado aos focos incidentais, que ao mesmo tempo particulariza e reúne; já em Renoir (1841-1919), a atmosfera se apodera do real criando uma luminosidade que existe, mas que ainda não havia sido explorada pela pintura: lampejos de luz, pingentes, gotas de orvalho, réstias de sol nas flores e nas águas.

Em todos esses casos, diferenciados por épocas convencionalmente batizadas (Renascimento, barroco e impressionismo), há uma constante: a representação declaradamente analógica da realidade. Trata-se de cenas, retratos, momentos, ficticiamente criados ou não, mas que permitem, todos eles, uma interpretação praticamente única: aquilo que se vê é aquilo que parece ser.

O *Juízo Final*, de Michelangelo, a *Última Ceia*, de Leonardo da Vinci, *A Vocação de São Mateus* e *A Flagelação*, de Caravaggio, a *Ronda Noturna*, de Rembrandt e *La Grenouillère*, de Monet (1840-1926), permitem uma leitura baseada no princípio de semelhança, ainda que sob formas diferentes de perceber e captar a realidade, com um olhar próprio, informado de acordo com os códigos de analogia de cada época.

Em resumo, poderíamos dizer que não há uma forma única de retratar a realidade, embora ela seja uma só. Cada momento da história vê a realidade de uma maneira e tenta representá-la a seu modo. O que não muda nesse processo é que a representação, seja qual for, remete à realidade. Daí sua natureza analógica. Os critérios de imitação e a aceitação do objeto como imitativo varia de uma época à outra. Há formas diferenciadas de realismo, com acréscimos e supressões de traços, conforme as necessidades de cada momento histórico, de cada momento da evolução do olhar sobre a realidade.

A REPRESENTAÇÃO E SUA LÓGICA

O teatro atual dispõe de uma série de recursos técnicos capazes de representar a realidade. Não nos referimos apenas aos efeitos que buscam reproduzir no palco fenômenos isolados como raio, relâmpago, arco-íris, mas também aos efeitos diretamente vinculados à configuração do espaço dramático das cenas: a luz característica de um sótão, de uma sala comum, de um palácio, de uma varanda e de tantos outros lugares onde podem ocorrer as cenas. No primeiro caso, a iluminação tem explicitamente um papel representativo (ilustrar figurativamente o que pede o texto: raio, relâmpago etc.). No segundo caso, porém, a luz tem um papel duplo: iluminar o palco para que a cena possa ser vista pelo espectador (função primária da iluminação) e, ao mesmo tempo, representar a luz que caracteriza o ambiente onde transcorre a cena.

Numa cena que se passa dentro de uma redação de jornal, por exemplo, a luz branca difusa serve como iluminante para revelar tudo o que está sobre o palco, permitindo visibilidade à plateia, mas ao mesmo tempo é um elemento de representação da realidade, na medida em que suas características condizem com a luz típica de uma redação.

Até que ponto a iluminação teatral consegue ser uma imitação da luz que vemos na vida real?

Uma luz se faz passar por outra, à qual se refere. Esse é o princípio de uma representação baseada na imitação da realidade. Toma-se por base um objeto real e se coloca no palco um resultado semelhante, capaz de produzir no público uma forte ilusão de realidade. Nesse caso, a iluminação deve preocupar-se com alguns detalhes importantes, sem os quais não conseguirá causar a impressão de realidade que pretende.

Para representar um relâmpago, por exemplo, o iluminador deverá observar que algumas características são indispensáveis, para que o público realmente acredite que se trata de um relâmpago. Mesmo sabendo que se trata de um efeito teatral, pode-se surpreender com o seu realismo.

Um feixe de luz atravessando a janela do cenário é capaz de convencer de que se trata mesmo de um raio solar, dada a semelhança que pode existir entre ele (efeito) e o raio solar verdadeiro, ao qual o efeito de luz se refere.

Esse processo de representação, obviamente distante de ser uma cópia perfeita do modelo real, dá uma certa impressão de realidade, muitas vezes suficiente para a finalidade da cena.

Para fins de representação, a iluminação cênica capta da realidade somente aquilo que é mais importante para que o público possa saber do que se trata. E o que é mais importante?

Há vários fatores que intervêm no que diz respeito à luz: a intensidade, a cor, a direção e o sentido, são fatores determinantes, tanto do ponto de vista de quem faz como de quem vê. As inúmeras combinações que podem ser feitas a partir dessas variáveis (e de suas variações internas), permitem diferenciar um efeito do outro e obter impressões diversas de realidade.

Teoricamente, nos espetáculos em que se pretende a exatidão, a função básica da iluminação é descrever, da maneira mais detalhada possível, a luz do ambiente ao qual a peça se refere. Será uma iluminação estritamente relacionada com o local onde se passa a ação e com o horário em que ela ocorre, se isso for pertinente. Portanto, a luz refletida na vidraça, ou que atravessa o vão de uma porta, ou que projeta sombras das grades na parede, não ocorre sem razão de ser. Há motivos que justificam sua presença.

Em todos esses casos que citamos, a iluminação não atua "sobre" a realidade, mas "na" realidade que está sendo representada. Ela é parte do cenário, da paisagem ou, melhor dizendo, parte do mundo representado. Suas mudanças acompanham as mudanças de tempo e espaço desse mundo.

A iluminação imitativa obedece a uma lógica. Os efeitos não são postos ao acaso, mas são determinados. Ilumina-se obliquamente um porão porque a luz está entrando por uma fenda lá do alto, mesmo que essa fenda não seja visível pelo público, mas previsível ou possível de existir nas circunstâncias de cenário apresentadas. Ilumina-se uma cela com luz lateral vinda da esquerda, pois supõe-se ou vê-se que as grades estão voltadas para aquele lado do palco, e só através delas é que a luz pode entrar na cela.

Mesmo que o público não se interesse por saber qual é a fonte de onde provém um determinado foco de luz, é importante que ele perceba que todos esses detalhes pertencem ao mundo que está sendo representado, mundo esse que possui suas leis físicas.

Por outro lado, é da maior importância para o iluminador saber como é que esses reflexos surgem, de onde surgem, em que se baseiam para se apresentarem desta ou daquela maneira. É imprescindível, pois, que ele estude a peça do ponto de vista do tempo e do lugar onde transcorrem as cenas e saiba, juntamente com o cenógrafo e o diretor, a maneira como isso será representado no palco. A partir dessas informações, inicia-se a sua tarefa: completar a representação do cenário com a luz.

A causa, a fonte que emite a luz, cujo reflexo se quer representar, é, portanto, um fator importante para que, a partir daí, se possa dar início ao processo de representação. A fonte é um luar que provém lá de fora? Ou é um clarão que vem do andar de baixo?

O importante não são os efeitos em si, mas as causas que produzem tais efeitos. Basicamente é como deveria proceder um estudo preliminar de realismo: buscar as fontes de luz, no espaço dramático a ser representado, para saber extrair delas os reflexos, os clarões, as projeções de sombra etc.

Esse princípio de causalidade que norteia a representação imitativa da realidade vem explicar, por exemplo, a necessidade de lançar maior intensidade de luz no rosto de um ator, à medida que ele se aproxima, digamos, de uma janela que recebe entrada de sol. De forma menos intensa, porém, será iluminado quando, na mesma sala, ele se aproximar de uma janela oposta. É óbvio dizer que o sol não pode entrar com a mesma intensidade por lados opostos. A janela da direita recebe uma certa claridade, mas sem o brilho da que está no lado esquerdo, sobre a qual o sol incide diretamente. Pequenos detalhes como esse deveriam ser mantidos quando se pretende criar, no palco, uma impressão de realidade tão forte e ilusória capaz de fazer com que o público acredite no que está vendo, como se fosse algo real ou próximo da realidade.

As fontes de luz cujos reflexos se pretendem representar em cena são conhecidas a partir do texto. Algumas vezes, há indicações explícitas nas rubricas, sobretudo quando se trata de fenômenos naturais (trovões, relâmpagos, luar). Em geral, os textos indicam somente o local onde transcorre a ação. Cabe ao iluminador, nesses casos, elaborar um projeto de luz mais livre, ainda que tomando por base as referências cenográficas e atenção rigorosa aos princípios de analogia, sobretudo quando se trata de uma representação em estilo realista.

Numa montagem realista, a iluminação não possui autonomia. Seu poder de intervenção é condicionado às circunstâncias dadas de tempo e espaço. É um elemento passivo no conjunto do espetáculo, atuando como uma parte da cenografia e confundindo-se com ela.

Na iluminação da cena realista, o processo de criação, pelo menos em princípio, fica completamente restrito às circunstâncias de tempo e espaço dramático. Uma possível luz externa entra em cena porque há uma janela que o permite; um foco localizado em algum ponto do cenário se explica porque há um abajur, um pendente sobre a mesa etc. A luz deve ter um motivo lógico. O iluminador atento à variedade de efeitos de luz e sombra que se podem encontrar nos objetos e nas superfícies das coisas da vida real, sob quaisquer tipos de incidência, certamente terá condições de desenvolver um trabalho em detalhes, adaptando-os às referências do texto e da cenografia.

Ao pesquisar a luz tal como ela se dá na realidade, dois aspectos devem ser levados em conta: o que é diferencial na luz e o que é redundante. Representar uma sala com uma geral branca difusa é representar uma sala qualquer, e não especificamente aquela sala que o texto pede. O diferenciador não está no conjunto, na linearidade, no aspecto difuso que pode ser mostrado com uma luz geral. Isso é o elemento redundante da luz, que ao invés de diferenciar acaba igualando. O elemento propriamente diferencial aparece nas curvas, nos cantos, nas dobras, nos pontos de mudança das superfícies e obviamente nas sombras. São detalhes muito sutis, estritamente ligados ao cenário, mas que têm a maior importância no processo de caracterização. Alguns conhecimentos de arquitetura, decoração, *design* e iluminação de interiores podem auxiliar muitíssimo nessa tarefa.

No entanto, essa intenção descritiva da luz, resultante da preocupação com detalhes, esbarra numa questão fundamental: a visibilidade. Como recriar uma situação real de luz sem comprometer as condições de visibilidade do palco? Esse é o principal obstáculo quando se pretende, por exemplo, representar literalmente o interior de um sótão ou de um porão onde transcorre a cena. Haverá claridade razoável para que o público possa enxergar os atores, distinguir as coisas e ao mesmo tempo apreciar a intenção da luz? De fato, pode-se obter efeitos reais surpreendentes em determinadas cenas, porém, desde que não prejudiquem a visibilidade da plateia. Uma transição rápida, com baixa intensidade de luz, pode ser enriquecedora; mas cenas inteiras às escuras, só para atender a um rigor imitativo, tornam-se insuportáveis. Há o fator de visibilidade que se sobrepõe a tudo, principalmente se o auditório é muito grande.

A considerar esse aspecto preponderante, a experiência de um realismo absoluto na iluminação teatral é quase impossível. Deve-se levar em conta uma iluminação fundamental que garanta as condições de visibilidade, antes de qualquer outra coisa. Essa necessidade fundamental, sem dúvida, limita o processo de criação. Muitos detalhes imprescindíveis à composição do quadro acabam cedendo à necessidade de clarear mais a cena para que se possam ver as expressões dos atores no momento em que falam. É necessário um meio-termo capaz de satisfazer as duas partes: a representação em si e as condições físicas de visibilidade a serem compartilhadas por todos na plateia. Sem condições de enxergar o que se passa no palco, não há espetáculo.

Os recursos técnicos atualmente possibilitam esse meio-termo. Os elipsoidais, utilizados em combinação com Fresnel e refletores PC, podem formar um conjunto capaz de iluminar a cena e ao mesmo tempo ressaltar os efeitos, sem muitas restrições. Com tais recursos, a questão da incompatibilidade pode ser resolvida na mesa de controle, por meio do balanceamento. Sem que haja perda de quantidade útil de luz, necessária à visibilidade, há um vasto repertório de possibilidades de equalização nas mesas de controle e gradiência de cor que permitem resultados satisfatórios.

Até aqui, tratamos de efeitos de iluminação que buscam o máximo de semelhança com a realidade. Passemos, agora, ao outro extremo da representação figurativa, ou seja, aquela que não se preocupa com a imitação fiel. Falemos de uma iluminação aparentemente não compromissada com o analógico, embora ainda preserve alguns traços de analogia.

Há várias formas de representar a realidade, sem que se tenha de recorrer, necessariamente, à imitação fiel. Se compararmos a fotografia de uma pessoa com um desenho ou uma caricatura, veremos que se trata da mesma pessoa, porém representada de formas diferentes. A fotografia se aproxima mais do modelo real que as outras formas. Se levarmos essa experiência ao extremo, criando uma imagem completamente arbitrária dessa pessoa, provavelmente ela deixará de ser reconhecida como tal. A menos que esteja inserida dentro de um contexto, onde haja outras informações que possam torná-la previsível, o que poderemos perceber dessa representação é que ela se refere a alguém da realidade, mas que não é possível saber a quem se refere especificamente. O fato de não se saber a quem se refere, mas com a constatação de que se refere a alguém, dada a configuração anatômica, é o que basta para que continuemos no âmbito da representação figurativa.

LUZ, CONTEXTO E VÍNCULO COM A REALIDADE

No caso do teatro, o processo de representação da realidade tem forte dependência contextual. Isso quer dizer que, por mais que as coisas sejam representadas de forma diferente do que são na realidade, digamos por invenção artística, acabam por remeter a uma dada realidade, a partir do contexto em que se situam, permitindo, assim, a compreensão.

Por outro lado, os efeitos de iluminação guardam sempre alguma vinculação com os referentes da realidade. Por exemplo: em vez de azul prateado, digamos que se queira criar um outro efeito para designar "luar", usando o vermelho ou magenta. Continuará sendo a representação de um luar? À primeira vista não, mas se analisarmos outros aspectos, veremos que é possível. E por figuras geométricas? É possível dizer que um conjunto de triângulos e círculos vermelhos, projetados em contraluz, significam "luar"? Conforme o estilo de representação, sim. Como se explica?

O efeito de iluminação, por si só, já contém uma série de índices de vinculação com a realidade: o fato de se tratar de luz representando uma outra coisa que também é luz já é um primeiro vínculo de analogia com a realidade (embora, de um lado, haja refletor com lâmpada halógena e, de outro, luz natural). Além disso, existem fatores que intervêm na configuração dos dois tipos de luz e que servem para estabelecer a analogia: a intensidade, o brilho, a luz banhando o palco como se fosse um luar etc.

Os efeitos de iluminação cênica, sejam ou não produzidos com intenção imitativa, contêm, sempre, um vínculo com a realidade, só pelo fato de serem luzes (e não outra coisa qualquer) representando luzes. É um resto mínimo de realidade que existe no palco, independentemente de representar alguma coisa. Esse vínculo de realidade, aliás, existe não só na iluminação, mas em qualquer outro elemento do teatro. O ator, antes de ser personagem é ator; a botina, antes de ser a botina de Estragon, em *Esperando Godot*, é uma botina; a luz, antes de ser a projeção de uma meia-lua, é luz, e assim por diante.

No caso dos efeitos não realistas, por mais inventiva que seja a representação, os vínculos continuam existindo. Isso quer dizer que haverá sempre uma relação de vínculo entre a luz que se quer representar e o efeito produzido em cena. Essa relação é possível porque há elementos em comum entre a luz da realidade e a iluminação cênica que se propõe a representá-la.

No entanto, o que mais contribui para se entender um efeito de luz não realista, não são propriamente esses vínculos básicos que estabelecem semelhança material entre iluminação e realidade, mas, sim, o contexto das cenas em que tais efeitos ocorrem.

Enquanto os efeitos realistas são menos dependentes de contexto (um arco-íris produzido com base na imitação é sempre visto como um arco-íris, qualquer que seja o contexto), os efeitos que se distanciam do modelo real correm sempre o risco de não denotarem absolutamente nada, se não forem considerados dentro de um contexto. São, portanto, dependentes. Não da realidade em si, a qual se negam a copiar, mas da situação ficcional ou do contexto apresentado.

LUZ IMITANDO OU SUGERINDO A REALIDADE

Até o presente, tratamos de dois tipos de iluminação: a que busca o máximo de fidelidade ao modelo real, resultando num processo imitativo (a que genericamente poderíamos chamar de "realismo" ou, melhor ainda, de "naturalismo") e o tipo contrário, que rejeita o princípio da imitação, tendendo para uma representação mais livre da realidade.

Para caracterizar e definir melhor cada um desses dois tipos, citamos algumas situações hipotéticas de luz, ora tendendo para a repetição, ora para a reinvenção da realidade, sem misturar uma com a outra e sem pressupor a existência de pontos intermediários entre elas. Tratamos, pois, de casos extremos e excludentes, como se uma iluminação que não fosse de natureza imitativa devesse ser necessariamente de natureza não imitativa e vice-versa.

No entanto, sabemos que, na prática, não é possível radicalizar o processo de criação, reduzindo-o a duas únicas opções. Grande parte das experiências em iluminação tem-se baseado em pontos intermediários e não em pontos extremos de conexão ou desconexão com a realidade. Isso as torna, inclusive, mais ricas, mais sugestivas e mais inteligentes. O excesso de real pode parecer tão enfadonho quanto o excesso de não real.

No caso da representação por meio da presença direta, o espectador vê o efeito de luz e, por intermédio dele, capta a sua referência: o efeito de relâmpago refere-se a relâmpago e o de dia ensolarado refere-se a dia ensolarado.

Na representação por sugestão, a iluminação cria um efeito que não tem conexão direta com a realidade. A possibilidade de se entender do que se trata depende de alguns indícios que têm algo em comum com o referente real, ou de alguma maneira dizem respeito a ele, por contextualização.

Entre essas duas formas de representação há um ponto de equilíbrio, nem tanto ao céu, nem tanto a terra, que é onde está, de fato, a linha tênue que une e, ao mesmo tempo, separa arte e realidade.

4. Luz e Atmosfera

A luz muda a aparência das coisas. Uma paisagem vista num dia ensolarado pode parecer brilhante, cheia de contrastes fortes e tonalidades diferentes. Porém, vista num dia nublado, perde essas características, tornando-se monótona e sombria. O mesmo se dá com a luz artificial nos ambientes internos e externos. Conforme o tipo de lâmpada, posição da luminária e quantidade de luz, o ambiente torna-se frio, quente, aconchegante ou impessoal.

Além de modificar a aparência física das coisas e dos ambientes que ilumina, a luz tem também o poder de agir sobre as pessoas, alterando seu estado de espírito, seu humor, por meio das impressões psicológicas que causa.

Hoje, mais do que nunca, vivemos sob o signo da luz. A iluminação urbana, o neon, o raio laser, as telas dos computadores, a decoração de interiores domésticos, vitrines, shoppings, metrôs, restaurantes, fachadas de prédios oficiais, monumentos históricos, painéis eletrônicos, casas noturnas, *outdoors*, estádios, hospitais etc., põem o homem em contato com uma multiplicidade de luzes e cores, oferecendo a ele um repertório muito vasto de referências. Pelo menos o universo urbano está longe de representar um tipo único de claridade. A luz difusa e uniforme da iluminação noturna, nas ruas e avenidas, funciona como um iluminante de fundo, enquanto os faróis dos carros, os semáforos, os luminosos das fachadas, dos monumentos e dos estabelecimentos comerciais se destacam na paisagem urbana.

As pessoas, os objetos e principalmente os lugares são vistos de modo diferente, dependendo do tipo de luz que recebem. Preferimos este ou aquele restaurante, dependendo do tipo de iluminação que contém: a luz branca intensa pode ser incômoda; já a iluminação por meio de sancas torna o ambiente mais agradável. Se compararmos a iluminação dos aeroportos, dos supermercados, dos bancos, das salas de aula, das quadras esportivas, dos salões de baile, dos jardins públicos, dos leitos de hospital e de tantos outros locais, veremos que cada um deles apresenta um tipo de iluminação, ora mais intensa, ora mais tênue, colorida ou brilhante, mas sempre capaz de provocar algum tipo de sensação. O branco muito intenso pode ser adequado para alguns fins (lojas, bancos, repartições, laboratórios), mas agressivo nos quartos de hospitais, salas de cirurgia, onde as cores frias (azul ou verde-claro) serviriam para acalmar a vista dos enfermos. Nos interiores domésticos, a luz indireta da sanca e do abajur cria a sensação de conforto, revela aconchego e intimidade.

Os estudos de iluminação ambiental mostram a importância e o poder da luz na divisão dos espaços, na criação de compartimentos, na sugestão de profundidade, altura, extensão, no destaque aos objetos, no contraste de tons, na valorização dos detalhes, texturas, na sugestão de peso, volume, opacidade, transparência e brilho. As pessoas tornam-se pálidas e esbranquiçadas quando estão num local onde há luz fluorescente; à noite, sob o clarão do luar apresentam-se sob um tom azulado ou prateado, conforme a intensidade; durante o dia, à sombra de uma árvore, recebem raios de sol que perpassam as folhas; nas boates e casas noturnas, as luzes coloridas vão se alternando freneticamente ao som da música, criando um espaço louco, alucinante e sensual. Os exemplos são muitos, dando mostras do que a luz é capaz de fazer na vida diária das pessoas.

Se na vida real observarmos esse duplo papel da luz, agindo sobre a aparência física das coisas e causando as mais variadas reações psicológicas nas pessoas, diríamos que, no teatro, a importância da luz é ainda maior.

LUZ E ATMOSFERA

Muitas vezes, a iluminação cênica é planejada justamente com a finalidade de causar envolvimento e provocar impressão psicológica. A começar pelo tipo da lâmpada empregada. Um espetáculo à luz de velas causa uma impressão completamente diferente da de um espetáculo iluminado com lâmpadas halógenas. A mesma cena, vista sob claridades diferentes, desperta as mais diversas reações.

A iluminação só à base de velas, por exemplo, sugere um aclaramento primitivo e ritualístico, muito distante da claridade artificial com que estamos habituados hoje. Remete aos primórdios do palco fechado, quando as cenas eram vistas sob uma luz chamejante, não uniforme. As velas não comunicam propriamente a luz, mas sim a escuridão. Cria-se um clima fantasmagórico, no qual as figuras aparecem rodeadas por zonas escuras. Atualmente, o emprego de velas e tochas como iluminante, ou mesmo como recurso estético, sugere a busca de um efeito luminoso que se perdeu no tempo, rico de referências antropológicas e culturais.

Em 2009, no espetáculo de dança *Procurando Schubert*, de Fábio Mazzoni, a iluminação é feita com velas (aliás, dando prosseguimento à pesquisa que o autor havia iniciado em 2005, sobre escuro e sombras, no espetáculo *Amor Fati*). Em *Procurando Schubert*, conforme diz a crítica Helena Katz:

> O escuro não é aquilo que desaparece quando a luz se faz. Deixa de ser um recurso de iluminação para ficar parecido com o ar; está em toda parte e, sem ele, aquele mundo simplesmente não existe. [...] Nesse mundo, a luz pertence à escuridão e nela se dá a ver. A escuridão pertence à luz e nela se dá a ver[1].

A vela acesa na escuridão não é como uma projeção de luz que recorta o objeto, como o fazem aqueles refletores elipsoidais que pretendem que os olhos vejam a claridade e não vejam a escuridão. A vela comunica a luz na escuridão, como se a presença e a ausência da luz fossem igualmente significativas. A presença da luz de vela na obra de Georges de La Tour constitui um bom exemplo disso na pintura: o que a vela ilumina não exclui o escuro e sim declara a sua presença. O objeto

---

1 Escuro e Sombra, Mas o Corpo Reluz, *O Estado de S. Paulo*, 26 jun. 2009, p. D4.

ganha ou perde brilho à medida que se aproxima ou se distancia da luz. O efeito de luz vai perdendo a intensidade conforme o objeto se afasta da fonte, numa demonstração visível do que diz a lei do inverso do quadrado da distância. Diferentemente do corpo que, ao se afastar do foco de um elipsoidal sofre um corte brusco de luz, o efeito da vela se debilita aos poucos, em perspectiva, sem demarcações precisas entre luz e não luz.

A iluminação a gás, ao contrário da combustão da cera, rompe essa ideia de perspectiva e continuidade espaço-temporal. Sem comunicar o mesmo sentido ancestral, antropológico, místico e ritualístico da vela, diretamente vinculado ao fogo, o gás produz uma continuidade difusa. A impressão é de uma luz mais intensa e uniforme, próxima do tom esverdeado que preenchia as cenas de balé pintadas por Edgar Degas. Um outro tipo de claridade e de relação com a escuridão, capaz de impressionar de modo completamente diverso da luz tremeluzente das velas e lamparinas.

A lâmpada halógena, hoje de uso generalizado nos teatros, traz mais brilho à cena, em comparação com o efeito amarelado ou âmbar das lâmpadas incandescentes. Por sua vez, a lâmpada halógena cria suas próprias condições atmosféricas, embora condicionada (assim como as lâmpadas incandescentes) aos refletores, lentes e dispositivos que permitem abrir e fechar, direcionar e mudar a angulação da luz.

Seja qual for o tipo de iluminante da cena, o efeito atmosférico não provém necessariamente do tipo de fonte, mas das interferências que a luz pode produzir nas relações entre o objeto e a percepção.

No espetáculo *Ímã* (2009), o Grupo Corpo usou pela primeira vez o *led* na iluminação cênica, encomendado à empresa americana ETC. Os efeitos obtidos em cena coincidiam com aquilo que o iluminador do espetáculo (Paulo Pederneiras) pretendia: "Com esse equipamento, os teatros passam a contar com um refinamento de outra dimensão. O *led* é outro jeito de pensar a luz, uma revolução igual à da fotografia digital, à do computador"[2].

---

2   H. Katz, Atração e Repulsa em Passos Leves, *O Estado de S. Paulo*, 22 jul. 2009, p. D10.

As inovações na tecnologia da luz em pouco tempo chegam aos palcos. O *led* vem sendo empregado na iluminação de shows, na arquitetura e na iluminação de interiores, de forma generalizada. É um novo meio de produção de luz, assim como a fibra óptica, que não tardará a ser incluída no rol dos recursos cênicos.

No entanto, o uso de um tipo específico de fonte de luz não é a única condição para se criar uma iluminação cênica atmosférica. A luz que ilumina a cena não é algo estático como na fotografia, na pintura ou numa vitrine de shopping. Trata-se de uma luz dinâmica, com completo movimento, como Appia já havia observado. Qualquer tipo de fonte de luz pode servir para criar efeito atmosférico.

FATORES QUE INTERVÊM NA LUZ ATMOSFÉRICA

Ainda que fontes específicas possam sugerir determinados estados atmosféricos, é a maneira como se lida com a luz, isto é, a sua elaboração estética, que realmente determina tais resultados. Alguns fatores intervêm nesse processo de elaboração:

1. *Tonalidade*: os objetos, o cenário, os atores, os figurinos, enfim, o palco na sua totalidade visual possui uma claridade local, inerente a ele próprio. Basta uma luz ambiente, aparentemente uniforme, para revelar que algumas coisas são mais claras e outras mais escuras. A luz ambiente não modifica a natureza luminosa dessas coisas; apenas a evidencia.

Conforme diz Arnheim:

A claridade relativa dos objetos é percebida com maior segurança quando todo o conjunto está sujeito a igual iluminação. Sob tais condições, o sistema nervoso pode tratar o nível de iluminação como uma constante e atribuir a cada objeto simplesmente a claridade que apresenta, na escala total que vai do objeto mais escuro ao mais claro do conjunto[3].

No palco, quando os refletores se acendem, o que é naturalmente mais claro permanecerá mais claro; o que é mais escuro,

3   R. Arnheim, *Arte e Percepção Visual*, p. 296.

permanecerá mais escuro. As diferenças são apenas realçadas pela luz. Como se, para a percepção, uma luz viesse se sobrepor a outra já existente. Segundo Arnheim,

os físicos nos dizem que vivemos de luz tomada de empréstimo. A luz que ilumina o céu é enviada pelo sol de uma distância de cento e setenta e dois milhões, duzentos e trinta e seis mil quilômetros através de um universo escuro, para uma terra escura. Muito pouco da definição do físico está de acordo com nossa percepção. Para o olho, o céu é luminoso por sua própria virtude e o sol nada mais é que o atributo mais resplandecente do céu, preso a ele e talvez por ele criado. Segundo o Livro da Gênese, a criação da luz produziu o primeiro dia, enquanto o sol, a luz e as estrelas foram acrescentados somente no terceiro. Em entrevistas de Piaget com crianças, uma de sete anos afirmou que é o céu que provê a luz. "O sol não é como a luz. A luz ilumina tudo, mas o sol apenas onde ele está"[4].

Um bom exercício para quem pretende iniciar um estudo sobre valoração, contraste e atmosfera é aquele que busca descobrir primeiramente as diferenças de luz local nos objetos, para depois observar a intervenção da luz artificial, os reflexos e as sombras resultantes. Evidentemente trata-se de um exercício perceptivo, baseado não em princípios da física, mas, sim, nas aparências, naquilo que ele possui de contraste natural, ou seja, suas superfícies mais claras e outras mais escuras. Notaremos que a superfície aparente do cenário não é absolutamente homogênea; há partes planas que são mais claras e à medida que vão se arredondando, ou fazendo curvas e dobras, vão também perdendo a luz, até se transformarem em zonas escuras.

A claridade inerente torna-se apenas mais explícita ao receber a luz dos refletores. É como se o já existente se declarasse explicitamente aos olhos do público. Nenhum refletor, por mais possante que seja, consegue mudar completamente as características próprias das coisas, com suas formas, relevos e texturas. À iluminação dos refletores, portanto, caberia o papel de reforçar a emissão fraca de luz que há nos objetos, destacando desde as suas partes mais intensamente claras até as partes com claridade média e aquelas de claridade menos intensa.

4   Idem, p. 293-294.

A tonalidade define-se a partir de uma gradiência que vai do mais claro ao mais escuro. Se observarmos um objeto parado, sob uma luz ambiente (difusa), notaremos que algumas partes desse objeto são mais claras do que outras. À medida que movimentamos esse objeto, notamos mais nitidamente essas diferenças locais, de tonalidade.

Quando falamos em tom, imediatamente pensamos em cor. Conhecemos as cores (da luz) e as denominamos por oposições quente x fria, clara x escura, brilhante x pálida etc. Até onde encontramos palavras que possam definir, mesmo que seja por meio de comparações ou associações, conseguimos traduzir ou caracterizar a cor. Facilmente distinguimos o azul do vermelho, mas dificilmente definiremos com exatidão os diferentes pontos da escala tonal de cada uma dessas cores. É como dizer que é mais fácil distinguir um "gordo" de um "magro" que estabelecer diferenças entre dois gordos ou entre dois magros.

A definição que damos às cores é baseada em critério de escolha. Quando falamos em "azul", por exemplo, queremos nos referir a que tipo de azul? O meu? Ou o seu? Há um azul padrão? Quem estabeleceu esse padrão? Temos aí, portanto, um caso de escolha. Fala-se em azul, mas não se diz de qual ponto de referência da escala foi retirado esse azul. Há uma gradiência de azuis, do mais claro e pálido ao mais brilhante e profundo, definido a partir de comparações com o azul do céu, do mar, da safira, da turquesa, das penas de animal, da noite etc.

A cor comunica o tom. No entanto, a ausência de cor também comunica tonalidade, na escala que vai do branco ao preto. Todo o cinema em preto e branco demonstra isso. A tonalidade, portanto, não é uma questão de cor, mas de gradiência, seja do azul escuro para o azul-claro, ou do branco para o preto.

As diferenças de tonalidade permitem configurar o objeto nas suas três dimensões. Uma escadaria iluminada por luz azul – já que estamos falando dessa cor – não é igualmente do mesmo azul em toda a sua extensão. É azul brilhante no espelho e azul mais escuro no piso. Uma variação que acompanha as características da escada; a iluminação, portanto, só virá reforçar essa diferença já existente.

A escada não é um conjunto de pontos que se unem no espaço de forma homogênea e linear. Não se trata de uma reta, mas de uma sucessão de conjuntos mais ou menos simétricos, que se intercalam e se opõem na horizontal (piso) e na vertical (espelho). Além disso, há cantos, há sucessão de planos que tendem a se modificar no percurso da verticalidade. É um espaço que tem a sua complexidade, apesar de ser apenas uma escada, parecida com tantas outras.

O objeto no espaço não é um todo único, indivisível. É sim um conjunto de pontos mínimos que se organizam e se estendem em linha reta, curva, torta, espiral etc., compondo o que perceptivamente chamamos de o "aspecto" das coisas. Esse percurso não uniforme dos pontos no espaço são pequenos sinais que informam aos olhos aquilo que denominamos de "aparência". O que os nossos olhos captam não são os pontos microscópicos, mas os agrupamentos desses pontos no espaço.

As mudanças de aparência luminosa que esses agrupamentos sofrem à medida que se movimentam na horizontal, na vertical ou na transversal produzem as diferentes tonalidades. O que os olhos percebem da cor azul não é propriamente um único azul (porque ele, em si, não existe); o que existe é um tom de azul. Um dos azuis possíveis, que entra em gradação, produzindo outros azuis possíveis. A cor-luz não é, portanto, algo estático, uniforme e permanente. Está em constante evolução, em movimento. Essa é a característica da luz própria dos objetos, que vai se transformando no espaço. A iluminação que se sobrepõe a essa luz local vem reforçá-la, destacá-la ainda mais, nas suas variâncias em relação à perspectiva do olhar.

A essa altura já podemos entender a estreita relação que há entre a iluminação cênica e os elementos visuais do espetáculo teatral, sobretudo cenário e figurinos. Todos esses elementos visuais não são pontos negros à espera de luz. São elementos materiais de claridade não uniforme e refletem a luz conforme os graus de claro e escuro que contêm. Os pontos mais claros tornar-se-ão mais claros à exposição de um jato de 4.000 w; os mais escuros tornar-se-ão menos escuros; porém, a oposição claro x escuro permanecerá. Para sempre. Uma condição de imanência que luz externa nenhuma conseguirá transformar. Ainda bem. É o que preserva as diferenças nas coisas que vemos; e a riqueza visual, por conseguinte.

2. *Importância dos contrastes*: tudo o que vemos possui variações de claridade. Essas variações tornam-se perceptíveis (ou surgem de fato) quando uma luz externa as reflete e os nossos olhos captam esses reflexos na escuridão. O objeto é visto em seu conjunto e os olhos nem sempre são capazes de perceber as variações que há dentro desse conjunto, por serem muito sutis. Outras vezes, as variações se opõem explicitamente, produzindo os contrastes.

O contraste surge a partir da comparação entre dois ou mais tons: um muito claro que se opõe, por exemplo, a um muito escuro.

Os contrastes suaves priorizam oposições fracas, não muito declaradas. Os limites não são tão nítidos, tão demarcados. Valoriza-se a transição suave e não propriamente o corte brusco.

Os elementos visuais do palco evoluem na vertical, na horizontal e na transversal, porém com uma continuidade capaz de dar a impressão de serem ininterruptos ou sem quebras muito visíveis. Para acompanhar essa aparente uniformidade visual, a iluminação busca tons mais claros e não muito definidos, contrabalanceados e sem recortes bruscos. A iluminação atmosférica valoriza os contrastes suaves e como recursos básicos para isso dispõe dos refletores com lente Fresnel e da utilização de difusores de um modo geral.

Já os contrastes normais apresentam pontos de mudança mais definidos, numa sequência que vai do escuro ao claro ou vice-versa. As zonas de oposição são mais acentuadas, mas em completo equilíbrio. A iluminação que busca efeitos com contrastes normais prioriza a definição e a delimitação da luz. O procedimento, contudo, dificilmente possibilita resultados atmosféricos.

Quanto aos contrastes duros, muito acentuados, e os contrastes máximos, onde não existem pontos intermediários entre os polos em oposição, evidentemente são expressivos, mas dificilmente se prestam para efeitos atmosféricos.

A iluminação atmosférica, muito próxima da tendência impressionista, embora tenha forte poder de intervenção psicológica sobre a cena, não a transfigura, não a deforma nem a exagera para fins expressivos. É um tipo de luz que surge como consequência da cena naturalista, porém empenhado em revelar aspectos ainda não explorados da realidade, como o frescor, a umidade e o equilíbrio principalmente térmico e visual.

3. *Volume, ar e perspectiva*: A combinação entre tons e contrastes estabelece a noção de volume. Este, por sua vez, representa praticamente toda a preocupação espacial e visual do espetáculo contemporâneo. Voltamos à questão do cenário construído e da tridimensionalidade, característica da cena contemporânea, da qual a iluminação participa como fator determinante. Os volumes não se localizam no vácuo. Eles ocupam o espaço e se relacionam entre si. Há entre eles um certo intervalo, um vão, o qual não é absolutamente algo sem significado. É uma pausa visual, plena de ar. Um ar que faz parte da cena representada e declara sua existência ao refletir luz. É o espaço atmosférico.

A fumaça e a névoa no palco são recursos utilizados exatamente para comunicar a distância que há entre os volumes, embora muitas vezes tenham sido usadas mais com a intenção de revelar os desenhos da luz no ar que comunicar a atmosfera da cena.

No entanto, a atmosfera da cena não se obtém apenas no tratamento de pontos isolados. Não basta iluminar um objeto por contrastes suaves; nem só preencher o palco de fumaça para acentuar o espaço intervalar entre os volumes. É preciso observar que os elementos menores se organizam em conjuntos que se distribuem em planos distintos, acompanhando a visão do público. Há o plano mais próximo do público, situado na parte anterior do palco e áreas do proscênio; em seguida vem o plano médio e finalmente o plano posterior. Os fatores que contribuem para a criação de luz atmosférica envolvem também esses três planos e o procedimento que a luz irá dar a cada um deles separadamente.

Na vida real, as coisas mais próximas dos olhos são vistas com mais nitidez que as coisas mais distantes. A luz atmosférica, de procedência naturalista, valoriza essa noção de perspectiva. O que significa dizer que a iluminação atmosférica dificilmente irá inverter as coisas, ressaltando o plano do fundo do palco e empalidecendo a área do proscênio. Ao contrário, ela dará destaque ao plano anterior, mais próximo do espectador, diminuindo a intensidade e enfraquecendo os contrastes à medida que se afasta até o fundo do palco.

Por outro lado, também a exemplo do que se dá na experiência real, os elementos vão perdendo a nitidez, a cor e o brilho conforme se afastam dos nossos olhos. Quando olhamos uma paisagem, notamos que as árvores mais próximas são de um verde bem definido e nítido; conforme vão se distanciando, as árvores mudam de tom e os contornos tornam-se imprecisos, até se confundirem numa coisa só, sem distinção do que é folha, galho, tronco etc.

Os telões de fundo buscavam o efeito de perspectiva, mas tratava-se de uma cenografia com base em desenhos e pinturas. A iluminação atmosférica diz respeito particularmente à cenografia tridimensional. Obtém-se o efeito de luz atmosférica à medida que as claridades de cena vão diminuindo perspectivamente, valorizando os contrastes suaves, as transições lentas e a interposição do ar entre um corpo e outro.

A iluminação atmosférica envolve a cena com uma impressão individual da realidade, como se as coisas chegassem ao palco não necessariamente sob uma ótica nova, porém filtrada, reelaborada segundo a visão particular de alguém. Ao recebê-la, o público tende a se habituar com ela, deixando-se impregnar pelos seus efeitos e adotando-a para si, como se fossem suas aquelas impressões.

Quando os pintores impressionistas retratavam a realidade, não o faziam representando-a por via direta, ausentando-se de qualquer participação. Preferiam captar o momento efêmero e fugidio da realidade, algo que percebiam com o espírito muito mais que com os olhos; sentiam e queriam transmitir alguma coisa que, provavelmente, um olhar comum não tivesse a mesma capacidade de perceber, por lhe faltarem a sutileza e a profundidade no modo de enxergar as coisas.

No *Ensaio de Ballet* (1878-1879), Degas sobrepõe a luz do quadro à luz da ribalta que ilumina as bailarinas no palco. A presença concreta da luz no ar, plenamente visível nas incidências de ângulo baixo e nas sombras, sugere o calor do palco, sob a luz fulgurante. A realidade, vista assim, parece calar na imagem o som da música e a emoção das performances, congelando um fragmento de tempo e eternizando-o. Não era de

108 FUNÇÃO ESTÉTICA DA LUZ

uma forma tão viva assim que os renascentistas e os barrocos viam a realidade. O impressionismo deu uma espécie de retoque final à pintura figurativa, acrescentando um aspecto que ainda não havia sido explorado e que seria o seu diferencial de estilo: a maneira de ver a realidade não só com os olhos, mas com a alma, registrando os seus momentos fugazes. A busca dessa nova abordagem vinha, inclusive, com a necessidade de superar a fotografia, a partir de então tida como o meio mais perfeito de imitação da realidade.

No teatro, a iluminação atmosférica começa a se manifestar no final do século XIX, com André Antoine (1858-1943). A descoberta de um teatro naturalista, preocupado com detalhes e com uso de elementos reais no palco (até pedaços verdadeiros de carne chegou a utilizar em cena), fez com que Antoine experimentasse obter também da luz uma forte impressão de realidade. Para atingir a atmosfera e a ambientação naturais, ele apaga as luzes dos candelabros convencionalmente usados e inicia um novo sistema de iluminação, com emprego de velas, faróis e lâmpadas. Como diz Galina Tolmacheva:

> Ele mesmo conta como toda Paris teatral se surpreendeu com sua inovação, quando em um ato de *A Morte do Duque de Enghien*, o conselho militar se reúne em uma sala iluminada só por quatro faróis sobre uma longa mesa. Foi uma novidade assombrosa [...]. Os candelabros, os irresistíveis candelabros, que atraíam magneticamente os velhos atores como as mariposas, haviam sido apagadas por um inovador implacável! Que assombroso para alguns e que pena para os demais![5]

Antoine combateu o teatro acadêmico, o convencionalismo tradicional da Comédia Francesa, rejeitou o painel pintado e os truques ilusionistas do século XIX, optando pelo uso de objetos reais em cena, em busca de efeitos mais verdadeiros[6]. O naturalismo de Antoine despertou inclusive o entusiasmo de Émile Zola, ao dizer: "Aí estão a realizar-se todas as minhas ideias"[7]. Afinal, o renovador da técnica de representação, o primeiro e teorizar sobre a arte da encenação, tinha sido um modesto

---

5 *Creadores del Teatro Moderno*, p. 66.
6 Cf. J-J. Roubine, *A Linguagem da Encenação Teatral*, p. 29.
7 A proposta cênica de Antoine não poderia prescindir de luz. É. Zola, Os Retreatralizadores, em J.R. Redondo Júnior (org.), *Panorama do Teatro Moderno*, p. 65.

empregado da Companhia de Gás em Paris e haveria de ser o primeiro, também, a questionar a utilização da luz em cena, principalmente para fins atmosféricos. Criador do Teatro Livre, Antoine foi um incansável experimentador. Conforme diz G. Tolmacheva:

> Ao utilizar a luz de cima combinada com a das velas e lâmpadas (sempre dentro das circunstâncias da obra), Antoine havia descoberto efeitos realmente belos e intensos, principalmente nas cenas de multidão. Até se poderia dizer que tais efeitos eram de caráter impressionista, pela maneira com que buscavam criar o verdadeiro clima da cena. As combinações de luz e sombra davam certa indefinida fluidez às cenas de massa[8].

A luz tem o poder de captar o momento. Na pintura, o momento que se eterniza. No teatro, o momento em evolução, em movimento. Monet registrou um momento fugidio do final da tarde, quando focalizou o edifício do parlamento quase totalmente às escuras, só com os contornos, iluminado em contraluz pelo sol poente. A luz do crepúsculo reflete nas águas, sobrepondo o tom alaranjado ao azul. Uma luz que logo irá desaparecer, mas que o pintor soube registrar e ali ficou, para sempre. Turner (1775-1851), na sua obsessão pela luz, submeteu tudo ao brilho do sol num entardecer de verão em *Mortlake Terrace*, de 1827. O Tâmisa corre suavemente. Há barcos, árvores, pessoas observando o rio e absolutamente nada acontece: apenas um momento do entardecer. Em *Veneza Vista do Europa*, o sol vai trocando de posto com a lua cheia que vem chegando. A água e o céu refletem passivamente as transições cromáticas. Em *Pessoas ao Sol*, Edward Hopper (1882-1967) traduz a imobilidade e a solidão, sob fortes contrastes de luz e sombra.

O melhor recurso para representar (ou capturar) o momento é a luz. O tempo não transforma a aparência abruptamente; a mudança ocorre aos poucos. De manhã, as coisas parecem renascer da escuridão e vão se revelando lentamente, à medida que vai clareando o dia. A gradiência de luz e cor traduz a evolução do tempo, o que, aliás, os impressionistas souberam valorizar. É um fenômeno presente na realidade e a arte soube explorá-lo. Tchékhov, em *O Jardim das Cerejeiras*, descreve:

8 Op. cit., p. 66.

"O sol começa a surgir. Já estamos em maio, as cerejeiras florescem, mas no jardim ainda se sente o gelo da madrugada".

A sensação de que o tempo passa, faz-se sentir no ar e nas mudanças de tonalidade da luz. Assim é na vida real e assim o palco procura fazer. A luz do sol não é propriamente o *gold amber* nem o *dark amber*, nem mesmo o *escarlate* ou o *sunrise red* que a iluminação teatral utiliza; o reflexo do luar não é o *steel blue* nem o *dark blue* dos filtros. Porém, são adotados como tons aproximativos. A questão não é a imitação perfeita, mas a capacidade de capturar a mudança, a passagem do tempo. A transição de um tom para o outro para demonstrar o suceder. A redução gradativa do claro para o escuro ou vice-versa é o elemento concreto para demonstrar a passagem do tempo. Mesmo quando a iluminação se fixa num determinado momento, sem evoluir, é a representação daquele instante que conta.

Entre o objeto da realidade e o olhar do observador há um elemento intermediário que traduz bem a interferência do tempo: o ar. Límpido, cristalino, impregnado, carregado, denso, o ar é um elemento material em constante mutação, consequência de variações atmosféricas. A mutabilidade dá configuração ao tempo, como se ele pudesse ser materializado. A luz refletida nas partículas do ar revela uma materialidade temporal. Não é por acaso que muitos diretores, principalmente de cinema, recorrem à vaporização, à chuva e ao pó como elementos refletores. É a necessidade de capturar um determinado momento, que logo irá passar, mas que por enquanto existe, é real, vivo. O tempo passa e isso está visível no ar, conforme manifesta a natureza por meio do vento, da chuva e das neblinas. O naturalismo lançou bases para que fossem empreendidas novas incursões pela realidade, buscando extrair dela o material de suas pesquisas. A iluminação, sem dúvida, tem sido um dos instrumentos para se chegar a isso.

Muitos dos impressionistas já implicavam com a questão da constância da cor. A realidade não é uma só, única e imutável. Ela passa, muda, evolui. Em outras palavras, para que de fato a representação da realidade pareça real é preciso que se declare não como algo estável, mas como algo em constante mudança. Desse modo, a iluminação atmosférica não buscará a impressão de constância, mas de efemeridade. Valem não propriamente as cores em si, mas os efeitos tonais. Não o azul, o verde e o vermelho básicos, mas o *mist blue*, o *pale blue*, o *sky blue*, o *just blue*, o *deeper blue*, o *moss green*, o *palen green*, o *primary red*, o *fire*, o *scarlat*, o *bright red*, como são descritas as gelatinas usadas nos refletores e outras subtonalidades que se queiram extrair por meio de combinações. A indefinição parece traduzir melhor a inconstância e a fugacidade do tempo, do que o cromatismo genérico e estandardizado.

Há iluminadores que fazem questão de selecionar muito bem as tonalidades das cores, fugindo do lugar comum, em busca de uma caracterização mais imprecisa da realidade, como se quisessem demonstrar, por exemplo, não um azul previsível, mas uma variação de azul, capaz de provocar uma sensação específica, de alta referencialidade estética.

As cores têm várias conotações. O vermelho, por exemplo, pode sugerir violência, paixão, excitação, agressividade etc. No entanto, há muitas variações de vermelho, cada uma mais próxima de sugerir o que de fato se pretende. O iluminador sabe muito bem disso, quando escolhe o vermelho que condiz com "vigor" ou o que condiz com "coragem", "paixão", fúria", em busca de um simbolismo orgânico da luz capaz de traduzir qualidades, estados e sentimentos.

O azul distancia, cria sensação de infinito, dá profundidade. Mas o que transmite o azul? Serenidade, pureza, paz? Em geral sim, mas há o azul-claro, o azul-celeste, o azul-profundo, o azul-pálido etc., cada um com a sua força conotativa.

O verde, o amarelo, o violeta, o magenta e todas as demais cores e suas variações transmitem algo específico, sugerem impressões da realidade, captam momentos, modificam o estado de espírito, a maneira de olhar e de sentir. As chamadas "cores quentes" (vermelho, laranja, âmbar, salmão) têm o poder de aproximar, são estimulantes, pesadas, secas; já as "cores frias" (azul, verde), distanciam, são passivas, delicadas, úmidas, solenes, sóbrias e tranquilizantes.

A luz atmosférica, conquista do impressionismo, expandiu-se pela pintura, teatro e cinema. No teatro, tendo surgido como um dos desdobramentos do naturalismo, na busca do instantâneo e do efêmero como partes essenciais da realidade, foi incorporada pela estética da luz e, de modo geral, vem sendo empregada até hoje nos palcos.

5. Luz e Expressão

A luz é um poderoso recurso da encenação. Graças a ela é possível recortar os objetos no espaço, isolar os atores, diminuir e aumentar as áreas do palco, revelar a altura, o perfil, os contornos e a profundidade. É um recurso de que o diretor dispõe para ressaltar as coisas que ele julga essenciais em cena e eliminar as demais.

A iluminação rege os elementos visuais do palco, determinando sua importância e revelando sua plasticidade. O cenário, os figurinos, os objetos de cena e principalmente os atores, com seus gestos e expressões, adquirem destaque e importância ao receberem luz. Ela revela os contornos, a matéria e o significado de tudo o que está no palco. Não é apenas um iluminante passivo ou algo que se preste a imitar fontes e reflexos de luz, mas um meio de expressão capaz de atuar sobre o conjunto visual do espetáculo, relacionando cenas, objetos e seres no tempo e no espaço.

A iluminação transforma o palco. Retira o que não é necessário ver, limita ou amplia a área de atuação, substitui a cortina, aproxima ou distancia os atores em relação ao público, captando a cena sob diversos ângulos; além disso, funciona como elemento de pontuação do espetáculo, estabelecendo as pausas entre uma cena e outra, as transições, os cortes rápidos, as evoluções no tempo, as transformações de clima, como se fosse um mecanismo de "embreagem", um operador sintático relacionando as partes dentro de um todo. Um recurso de coesão, de síntese, diretamente ligado à dinâmica do conjunto.

A luz reiventa o objeto, como se ele estivesse sendo visto pela primeira vez. Revela sua configuração, materialidade, textura; realça contornos, dobras, curvas, ondulações, arredondamento, largura, espessura, profundidade, cor, peso, brilho e transparência. O espectador, mesmo sem sair do lugar, pode ter uma impressão visual completa dos objetos, como se os estivesse vendo sob todos os ângulos. Uma simples mesa, sem a menor importância visual, pode transformar-se num objeto instigante, que os olhos perseguem e os dedos querem tocar.

A escadaria de um cenário é apenas um veículo de acesso ao andar superior, se iluminada sob luz difusa. Porém, adquire importância visual e dramática quando captada de vários ângulos, diferenciando degrau, piso, espelho e corrimão, dando a conhecer toda a sua estrutura, seu desenho e seus contrastes de claro e escuro. Sob luz difusa, torna-se passiva, confundindo-se com a profusão dos outros elementos visuais. Como construção recortada pela luz, adquire individualidade, presença e *design*.

Os figurinos dos atores ganham definição, brilho, pomposidade ou tornam-se apagados, pobres, inexpressivos, dependendo da maneira como são iluminados.

A noção de proximidade e distância também está relacionada com a luz. Focos fechados são concentradores e aproximativos; cores frias e tonalidades escuras atuam como distanciadores; luz frontal produz achatamento; luz vertical produz sombra no rosto; luz balanceada produz naturalidade; enfim, a luz tem a capacidade de mudar as aparências. Se sem ela não há espetáculo, podemos dizer que, com ela, os espetáculos mudam muito, condicionando os olhos a enxergarem apenas "aquilo" que está sendo iluminado e da maneira "como" está sendo iluminado.

Antes de começar o espetáculo, o palco é um espaço neutro, sem vida. Entretanto, quando as luzes se acendem sobre ele, tudo se põe a vibrar. Em pouco tempo, o espectador se sentirá à beira de uma estrada, numa encenação de *Esperando Godot*;

na cidadezinha de Güllen, em *A Visita da Velha Senhora*, de Durrenmatt; nas escadarias da igreja de Santa Bárbara, em *O Pagador de Promessas*, de Dias Gomes; na sala do Dr. Stockmann, em *Um Inimigo do Povo*, de Ibsen; no subúrbio de Nova Orleans, em *Um Bonde Chamado Desejo*, de Tennessee Williams; ou numa daquelas paisagens invisíveis de Thornton Wilder. O espaço, antes vazio, neutro, passa a existir, adquire uma caracterização e um significado.

Os refletores aparentes, que antes de iniciar o espetáculo eram vistos como uns objetos estranhos dependurados estrategicamente lá no alto, passam despercebidos no momento em que o palco é iluminado. O que se vê agora não são nem eles nem as luzes, mas as cenas que iluminam. O que se vê agora não é mais aquele tablado convencionalmente chamado de palco, mas o local onde se dão os conflitos, onde as personagens se colocam, para onde elas se dirigem ou de onde elas saem.

Os quinze metros de largura por uns dez de altura e mais outros tantos de profundidade, transformam-se numa floresta, num castelo ou em outro lugar qualquer, onde existem essas mesmas dimensões. Diferente das imagens planas, reduzidas a duas dimensões, o palco se assemelha à arquitetura, à construção, onde há comprimento, altura e profundidade.

É nesse espaço tridimensional, diferente da pintura, da fotografia, do cinema e do vídeo, que irá se dar a cena teatral: um espaço vivo, semelhante àquele com que estamos acostumados na vida real.

A tridimensionalidade no teatro é regulável por intermédio da luz. Um efeito chapado, produzido por iluminação apenas frontal, obviamente reduz a aparência tridimensional, ressaltando altura e comprimento, ou seja, produzindo um resultado predominantemente bidimensional. Entretanto, se a cena for captada de diversos ângulos, principalmente pela parte de trás, as figuras passam a ser valorizadas nas suas três dimensões.

Por seu poder de controle sobre os signos visuais do espetáculo, a iluminação tem um status à parte no fenômeno cênico. Ela retira, põe, aumenta, diminui, revela, esconde, enfim, determina o que deve ser visto e como deve ser visto. A iluminação tem, pois, um forte poder expressivo.

Ora, dizer que uma iluminação é expressiva, é muito vago. Expressiva em quê? Como? O que ela tem a ver com o expressionismo?

QUE SIGNIFICA "EXPRESSIVO"?

Comecemos por entender os vários significados da palavra "expressivo", na iluminação cênica, tomando por base considerações feitas por Jacques Aumont em *A Imagem* (1995). Em primeiro lugar, dizemos que uma iluminação é expressiva quando procura revelar os sentimentos e as emoções de alguém (quem concebeu a iluminação). Os efeitos expressivos, por assim dizer, revelam nada mais que uma forma particular de olhar, impregnada de visão individual e subjetiva. É como se a iluminação estivesse propondo ao espectador uma maneira pessoal de ver o mundo, repleto de sombras, deformações, ângulos, recortes, meio-rosto, silhuetas, contraposição de cores, enfim, uma série de recursos formais de interferência não apenas visual, mas dramática. É muito comum esse tipo de iluminação em teatro, principalmente na dança, demonstrando forte presença da luz sobre a cena. Trata-se, evidentemente, de uma herança expressionista que ainda não se apagou totalmente dos palcos. Provavelmente é o tipo de luz que se adapta à necessidade de expressar sentimentos, angústias e medos, cujo referencial maior, em dança, é o trabalho da coreógrafa Martha Graham, que pedia uma luz simples, mas dramática, sugerindo o *mood* do espetáculo.

A segunda interpretação da palavra "expressivo" diz respeito não ao sujeito, ao emissor da mensagem, mas ao objeto, isto é, à realidade a ser representada. Iluminação expressiva, nesse sentido, é aquela que oferece a melhor representação da realidade, aquela que revela o real de modo objetivo, sem intervenção do autor. Uma série de recursos e efeitos poderão ser usados, desde que atendam a esta finalidade: expressar o mundo real, nas suas cores, seus aspectos, exatamente como o observador (o público, no caso) enxergaria se estivesse diante de tal realidade. A encenação de Luchino Visconti para *As Três Irmãs*, de Tchékhov, com cenografia de Zeffirelli, em 1952, cria uma representação quase fotográfica do velho jardim em torno da casa dos Prosorov, ao meio-dia. Diante de uma iluminação desse tipo, o espectador comum provavelmente diria: "Fiquei maravilhado com a capacidade imitativa da iluminação desse espetáculo! Como é realista! Expressiva!" (A expressividade, como se vê, pode confundir-se com a noção de realismo ou naturalismo.) Essa é a concepção de luz que Antoine deve ter procurado explorar nos espetáculos do Teatro Livre, encenando textos dos grandes nomes do naturalismo, como Tchékhov, Ibsen e Zola.

Uma terceira acepção de "expressivo" é aquela que não se aplica nem ao sujeito emissor (luz subjetiva, algo como a "câmera subjetiva" em cinema), nem à expressão da realidade (luz "realista"), mas ao público diretamente. Sob essa acepção, diremos que a luz é expressiva porque consegue provocar uma reação no público, envolvendo-o de alguma maneira. Os gradientes de vermelho, roxo e violeta, que representam, digamos, a evolução de um pôr do sol, embora colocados para denotar um "crepúsculo", podem produzir, simultânea e secundariamente, impressões psicológicas; a mistura sutil de cores e tons produzindo efeito "nublado", ou algo parecido com o *sfumato*, cria um clima de gradação suave de luz e sombra; o uso de tom sobre tom, como que espargindo as alternâncias cromáticas no espaço, pulverizando o ar em tonalidades crescentes ou decrescentes; o emprego da luz difusa suave, sem marcas nítidas, banhando o espaço com uma claridade que varia do brilhante difuso ao pálido, produzindo cintilância, resplandescência, fosforescência.

Esse tipo de luz é frequentemente usado em relação direta com cenários e figurinos. A escolha exata das cores e do tipo de material empregado (madeira, metal, plástico, tule, seda, malha, jersey, tecidos acetinados) determina o efeito da luz sobre os objetos, condicionando-os a uma determinada atmosfera que age psicologicamente sobre o público. A fumaça tem sido um dos meios mais fáceis de se obter esse efeito de luz. Ela preenche o vazio entre um objeto e outro, valoriza o ar e interpõe um filtro entre o objeto e o olhar.

A imagem com duração infinita, nos espetáculos de Bob Wilson, sugerindo um quadro barroco com pinceladas de surrealismo, como se o palco fosse uma ampla janela para o mundo, remete o espectador a uma espécie de "inocência primária acerca do conhecimento do mundo"[1].

Finalmente, o "expressivo" pode estar no fazer, na elaboração, na construtibilidade estética da luz. Nesse caso, a luz não é centrada nem no emissor, nem no receptor, nem no objeto referente, mas é centrada em si própria. Torna-se expressiva não por revelar as emoções dramáticas de um mundo dividido entre luzes e sombras, vida e morte, claridade e trevas; nem se torna expressiva por procurar estabelecer uma determinada impressão psicológica no espectador; e muito menos é expressiva porque se põe a representar figurativamente a realidade. A sua expressividade decorre do fato de manifestar um alto grau de manipulação estética na concepção, no *design*, na utilização dos recursos.

Nesse sentido, poderíamos considerar expressiva toda iluminação trabalhada com base na precisão, no equilíbrio, na correção, na clareza de intenções, no bom gosto e na harmonia em relação aos demais elementos significantes do espetáculo.

EXPRESSIONISMO E REPERCUSSÕES

De um modo geral, o expressionismo absorveu todas essas acepções da palavra "expressivo", dando maior ênfase à subjetividade e ao formalismo. Com sua predileção pelo monólogo lírico, dissolução do diálogo, antipsicologismo e valorização do gesto, explorou os focos concentradores, as sombras, as deformações, os contrastes fortes e variação cromática, preocupado muito mais com a eficácia dramática do que com efeitos imitativos (até porque surgiu como reação ao naturalismo e ao impressionismo).

As influências do expressionismo continuam até hoje, nas mais diferentes formas de arte (imagem, palco e escrita). No teatro, a "iluminação expressiva" (em todas as acepções do termo, reforçadas pela herança expressionista principalmente via cinema) invadiu o espetáculo contemporâneo, coexistindo

---

1   C-H. Favrod (org.), *O Teatro*, p. 223.

ou não com efeitos imitativos de base naturalista. Não é possível deixar de mencionar *Vestido de Noiva*, dirigido por Ziembinsky em 1943 e, mais recentemente, as experiências de Gerald Thomas, nas quais a luz é um dos mais fortes recursos de que o diretor dispõe para se expressar.

Os progressos na técnica de iluminação vieram contribuir para a exploração estética da luz no espetáculo contemporâneo. A possibilidade de combinação de todos os recursos é instigante, sem limites. Nenhum diretor ou iluminador quer privar-se do progresso técnico, das novas descobertas. Tudo o que estiver à mão deve ser utilizado, adequadamente, para fins estéticos. É o que mais temos visto, aliás, nos últimos trinta anos, em dança e teatro: iluminação expressiva, nas mais diversas acepções do termo. Ora subjetiva, ora persuasiva, ora puramente formalista.

ALGUNS RECURSOS EXPRESSIVOS

O discurso cênico fez da iluminação expressiva um articulador sintático, capaz de reestruturar e reorganizar todas as mensagens visuais do palco.

Teoricamente, uma montagem de estilo realista pediria uma luz geral, sem recortes, a menos que estes fossem motivados pelo cenário (uma janela aberta, por exemplo). Tanto a personagem como o público estariam em presença da mesma luz entrando pela janela.

Na iluminação expressiva, a personagem pode estar sendo iluminada por um foco vertical, mas ela não o vê, não tem consciência disso. Quem vê o foco vertical sobre ela é o público. A personagem age como se estivesse no seu mundo, iluminada por alguma luz. Um minuto depois, o foco vertical desaparece e a personagem é vista em silhueta. Novamente, quem vê essa luz é somente o público. Trata-se de uma mudança de foco, que resulta de uma operação cênica e não de um fenômeno real que está sendo representado.

A iluminação expressiva é algo que vem se sobrepor à luz como representação do real. Às vezes, ela toma o primeiro plano, quase excluindo completamente qualquer intenção imitativa.

Outras vezes, a intenção imitativa é fraca, mas perceptível. Há, também, os casos de equilíbrio, em que a luz tem, ao mesmo tempo, as duas funções bem explícitas: representar algo e expressar as intenções do emissor.

Como elemento expressivo, a luz opera por sobre a realidade representada, conduzindo os olhos do público não para tudo o que há em cena, mas para aquilo que deve ser visto.

Enquanto a luz imitativa segue as determinações lógicas do naturalismo e obedece rigorosamente às mudanças de tempo e espaço, a luz expressiva permite mutações livres, é mais dinâmica e atende às necessidades que o artista tem de expressar a realidade à sua maneira, com um olhar. A iluminação expressiva capta a realidade sob determinados ângulos, seleciona o que será mostrado e interfere na configuração visual das coisas, como se pretendesse mostrar a realidade sob uma forma específica de olhar. Para isso, utiliza o recorte, o isolamento, o contraste, a concentração em planos, enfim, a manipulação livre das referências visuais, estabelecendo uma interrupção no contínuo que há entre causa e efeito, propiciando mais distanciamento e teatralidade. Enquanto a luz de uma cena naturalista de um interior doméstico permanece imutável do começo ao fim da peça, porque não há razão para que não seja assim, a luz expressiva pode saltar de um foco para o outro, como se a ação não estivesse se desenvolvendo por si, espontaneamente, mas houvesse alguém selecionando somente as coisas mais importantes.

No realismo-naturalismo, a cena se dá a conhecer por si mesma, sem interferências; na representação expressiva, a presença do enunciador é marcante. As mudanças de foco não obedecem ao real, mas à lógica do discurso sobre o real. O palco é recortado, o foco se concentra sobre o ator, como se quisesse obter dele um *close up*; há lugar para as projeções, para as sombras, para a coloração estranha, para o uso livre dos ângulos, tudo com um único objetivo: a expressão.

Para obter realce, por exemplo, não basta isolar o signo por completo, recortando-o no meio da escuridão. O realce se obtém à medida que o elemento em questão ofusca todos os demais elementos com os quais ele interage. Trata-se de enfatizar o objeto cênico sem excluir os demais elementos não enfatizados. É um processo seletivo do qual nada é totalmente excluído, mas apenas algumas coisas é que são valorizadas. Para selecionar, a iluminação dispõe principalmente de foco concentrado, resistência e cor.

A luz com finalidade de realce tem um forte poder de deslocamento. Ao concentrar-se num ponto, sem apagar os demais, a iluminação consegue deslocar esse ponto de um conjunto difuso, sublinhando-o, indicando-o claramente como se fosse uma seta apontando para algum lugar. O recurso de ênfase por meio da luz não deixa de ser um empréstimo da linguagem cinematográfica, que corresponde ao enquadramento. Uma forma de direcionar o olhar do público não para o conjunto da imagem, mas para aquilo que a câmera pretende que seja visto em destaque.

O efeito de realce tem pelo menos dois pontos em comum com a iluminação por focos isolados: a concentração em torno de pontos no espaço e a preferência pelos jatos direcionados. A diferença é que o efeito de isolamento mostra a realidade por meio de um fragmento, como se nada existisse além dele. Uma cadeira, por exemplo, é completamente ilhada por intermédio da luz. A iluminação recorta aquilo que interessa mostrar e apaga todos os demais elementos subentendidos (o fato de a cadeira estar numa sala sobre um tapete etc.). Esse é um tipo de luz que põe o objeto focalizado em relação consigo mesmo.

Enquanto o efeito de realce provoca o deslocamento, o foco isolado provoca a supressão dos elementos subentendidos. Tudo aquilo que não interessa ser visto é simplesmente eliminado (por obscurecimento), para que o olhar possa se concentrar em um só ponto. As personagens e os objetos aparecem completamente sós, como se tivessem perdido a relação com as outras coisas. O que se vê na escuridão do palco é apenas aquilo que a luz permite ver.

Ao isolar a personagem ou parte dela, a luz consegue ampliar a imagem, exatamente pela perda da referência de tamanho. Um rosto parece muito mais destacado do que se estivesse sendo visto sob uma luz difusa; o gesto das mãos torna-se mais expressivo, mais amplo.

O efeito tem poder condensador: reduz a variedade de significações e aumenta a presença e densidade do elemento que se pretende evidenciar. Sua vantagem é a de proporcionar concisão ao discurso visual, síntese, clareza, rapidez no processo de comunicação. Seu correspondente no cinema seria o *close*: aproxima o objeto para revelar seus detalhes, limita o espaço e permite que o signo se relacione com ele mesmo.

Há também os casos da iluminação atuando expressivamente não com a finalidade de isolar ou realçar as figuras, mas obscurecê-las ou apenas insinuá-las por meio de seus contornos. O recurso mais empregado nesses casos é a contraluz.

A contraluz, comumente empregada em combinação com as luzes frontais para rebater a intensidade e o brilho destas, bem como para acrescentar dimensionalidade às cenas, torna-se um poderoso meio de expressão quando utilizada sozinha, produzindo silhuetas, contornos, sombras.

O efeito de suspensão opõe-se ao realce e ao recorte isolado. Enquanto estes procuram evidenciar a informação visual, a silhueta provoca expectativa e suspense. O espectador não consegue identificar claramente de quem são as silhuetas que se movem no palco. Tal é, aliás, a intenção dessa luz: esconder, mostrar pelo lado de trás, inverter a imagem, suspendendo o processo de comunicação. O fato de um efeito provocar uma suspensão na continuidade visual do espetáculo decorre, sem dúvida, de uma necessidade expressiva de transgredir e inverter o objetivo habitual da luz, que é focalizar de frente.

Nos espetáculos de dança, a luz expressiva é a mais usual. De fato, é ela a que mais acompanha a dinâmica dos movimentos. A fragmentação, a mudança de referência espacial, o percurso coreográfico, as transições bruscas, lentas, suaves, os saltos, os giros, as piruetas, os *jetés* etc., alteram, reformulam, reescrevem, reinventam a todo instante a busca visual do público. Somente a luz expressiva propiciará o olhar caleidoscópico de que o espectador necessita para a fruição desse prazer estético.

6. Luz e Espaço

No teatro, há dois espaços distintos a serem considerados: o espaço físico do palco (com suas três dimensões) e o espaço dramático em que transcorre a cena (que também possui suas três dimensões). Poderíamos dizer que se trata de dois cubos, um sobre o outro. O palco é um cubo de três dimensões; sobre ele vem se sobrepor a cena que pode ser representada por um outro cubo com as suas três dimensões.

Desses dois cubos, o único que se move é o da cena. O espaço físico do palco continua estático. Quando a cena se move, as suas dimensões se desestabilizam, produzindo um ritmo eloquente de linhas que vibram no espaço, em todas as direções, sentidos e eixos, em fragmentos que os olhos não conseguem capturar. A ideia do cubo transforma-se em esfera, girando em torno de um eixo único e gravitacional. A vibração da luz vai em busca da vibração do espaço, acompanhando não exatamente a trajetória das linhas nas três dimensões, mas os pontos de força que essas linhas vão estabelecendo no espaço.

Para compreendermos melhor como se dá a relação entre luz e espaço no teatro, precisaremos levar em conta esses dois cubos sobrepostos: o palco propriamente dito, que servirá de suporte físico para a luz, e a cena que irá se desenvolver dentro dele.

O iluminador não ilumina cenas, nem castelos ou florestas. Ilumina áreas e níveis do palco, independentemente das situações que serão representadas neles. Seja o castelo de Hamlet, uma escadaria do senado romano, um cerejal russo, uma estalagem medieval ou simplesmente um dormitório, o que o iluminador irá iluminar são as áreas e níveis do palco que servirão de suporte à representação dramática.

O fundo elevado do palco na montagem que Odavlas Petti (1929-1997) fez de *Panorama Visto da Ponte*, no início da década de 1970, em São Paulo, mostrando o cais do porto, pedia uma iluminação que priorizasse o nível alto do palco, enquanto os diálogos em família ocorriam no nível baixo. As escadarias que desciam suspensas por correntes em *O Homem de la Mancha*, sob direção de Flávio Rangel (1934-1988), também eram iluminadas em diversos níveis. Os boiadeiros que comandavam os enormes carretéis (carros de boi) em *Corpo de Baile*, de Guimarães Rosa, na montagem de Ulysses Cruz, eram iluminados nos níveis médio e alto; os deuses mitológicos que interferiam na viagem de Vasco da Gama às Índias, na montagem de *A Viagem*, encenada por Celso Nunes, pairando sobre a cabeça do público, eram iluminados do alto. O balão, na montagem de Cacá Rosset do *Ubu, Folias Physicas, Pataphysicas e Musicaes*, de Alfred Jarry, em 1985, descia do urdimento e pousava no assoalho do palco.

Altura, comprimento e profundidade comunicam a tridimensionalidade do espaço cênico. É um espaço diferente da fotografia, do cinema, da TV, do vídeo e da pintura. Um espaço natural e dinâmico, dotado de uma mobilidade que nenhuma outra arte possui.

No palco italiano, a cena é vista apenas de frente. Difere, pois, do palco em arena e de outros espaços de representação, que podem ser vistos de outros ângulos e não apenas de frente.

Nas dimensões de comprimento e profundidade, o palco italiano se divide em três áreas da esquerda, três do centro e três da direita, totalizando, pois, nove áreas.

Essas nove áreas não são vistas da mesma maneira por todos os espectadores. Há diferentes perspectivas visuais,

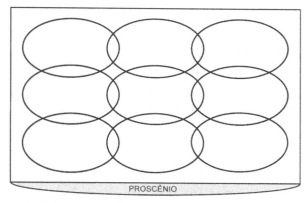

FIGURA 1: *Palco dividido em nove áreas.*

dependendo se o espectador está sentado nas fileiras da frente ou nas do fundo da plateia, nas extremidades ou no meio da fileira.

Para um estudo mais detalhado sobre cada uma dessas áreas e a força com que se apresentam dependendo da perspectiva visual, tomaremos por referência as considerações sobre as linhas de força do palco, conforme analisadas pela coreógrafa norte-americana Doris Humphrey (1895-1958) em seu livro *The Art of Making Dances*, de 1959.

Doris Humphrey adapta as noções cênicas propostas por Gordon Craig à dança: "O centro do palco é o local onde se concentram as forças; a descida do ator ao proscênio traz uma nota intimista; se deixa o palco por uma diagonal direita-esquerda, simboliza o exílio, a morte"[1].

A luz ilumina o espaço físico já existente no palco e cria sobre ele espaços novos, produzidos a partir das situações encenadas.

Esse espaço físico divide-se em áreas de atuação que, por sua vez, apresentam linhas de força visual diferentes entre si, dependendo da proximidade ou da distância em que se encontram em relação ao público e em relação ao centro geométrico do palco.

As linhas de força, por sua vez, são mais fracas ou mais fortes, dependendo da perspectiva visual do espectador.

1 P. Bourcier, *História da Dança no Ocidente*, p. 271.

No meio do palco, o ator ocupa uma área de forte concentração visual, ao passo que, se estiver num dos cantos do fundo, além de estar mais distante da vista do público, parece conter apenas uma parte da concentração total. De fato, as áreas que se aproximam dos cantos perdem a centralidade e tornam-se mais fracas (caso semelhante podemos observar na imagem plana das telas: as figuras que ocupam as áreas de canto tornam-se visualmente secundárias, em relação às que ocupam as áreas do meio).

A área que se localiza bem no centro geométrico do palco (Fig. 2) possui grande confluência de forças. Sua posição estratégica estabelece um eixo por onde passam a horizontal, a transversal e as diagonais, todas com a mesma extensão dos dois lados, exceto a vertical a pino (que morre no eixo).

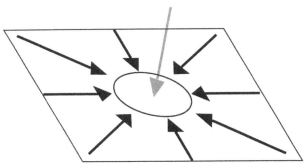

FIGURA 2: *Área central e suas linhas de força.*

Essa relação predominantemente simétrica, entre as linhas dimensionais que atuam exatamente no meio do palco, cria no espaço um ponto de convergência de forças próximo da perfeição. Em termos de luz, poderíamos dizer que permite uma iluminação plena, de maior número de ângulos e com a máxima concentração de forças.

Quando o ator sai do centro geométrico do palco e caminha em direção ao proscênio (Fig. 3), a concentração de linhas de força é um pouco menor. Sua visibilidade é perfeita para quem está sentado diretamente de frente para ele, mas a visão dos setores laterais da plateia sofre perdas. Para o espectador que estiver sentado na última poltrona da esquerda ou da direita, nas primeiras filas, a visão é completamente lateralizada.

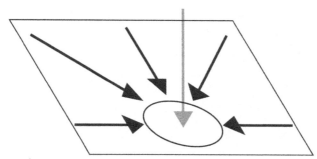

FIGURA 3: *Área central, limite do proscênio.*

Na dimensão do comprimento, há um equilíbrio de forças dos dois lados. Porém, na dimensão de profundidade, a linha reta projetada do fundo é plena, mas não encontra oposição na linha que provém da frente. O mesmo acontece com as diagonais que vêm com toda a força por trás, mas esbarram na quarta parede e não prosseguem seu curso. A vertical, por sua vez, desce com toda a força, mas morre no solo.

Quando o ator está na área central, porém no fundo do palco (Fig. 4), a visibilidade é bem menor. Há um ganho na perspectiva visual, pois todos os espectadores podem vê-lo, mas uma perda devido à distância em que se encontra.

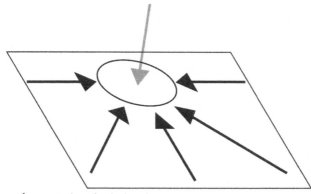

FIGURA 4: *Área central, no fundo do palco.*

A dimensão horizontal estabelece um equilíbrio perfeito: a força é idêntica, vinda da esquerda ou da direita. No entanto, não há simetria na dimensão de profundidade, pois a linha forte que vem da frente não encontra oposição de força na linha de trás. Por sua vez, as diagonais que vem da frente também esbarram no limite e não encontram oposição. A vertical encontra como barreira o solo.

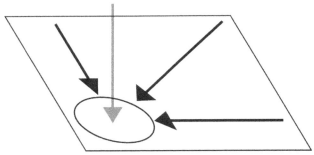

FIGURA 5: *Canto esquerdo (frente)*.

Quando o ator está em qualquer um dos quatro cantos do palco, também ocorre desequilíbrio entre as linhas de força, com perdas nas três dimensões.

Suponhamos o canto esquerdo, bem próximo da plateia (Fig. 5). Os espectadores sentados na extremidade esquerda da fileira podem vê-lo perfeitamente; os que estão no centro da fileira viram a cabeça para a esquerda e os que estão na extremidade da direita, além de serem obrigados a inclinar a cabeça totalmente para a esquerda ainda sofrem perdas pela distância.

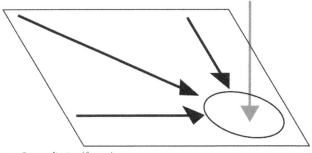

FIGURA 6: *Canto direito (frente)*.

Nos cantos, as linhas de força operam pela metade: há uma linha forte que provém do lado oposto, uma forte que provém de trás, outra que provém de cima e uma última que provém da diagonal, mas todas operam sozinhas, sem oposição. Isso vale para os quatro cantos do palco. Ou seja, os cantos atuam com ⅓ da força que possui a área mais privilegiada do palco (o centro geométrico).

No que diz respeito à dimensão de altura, o palco divide-se em três níveis: baixo, médio e alto. Portanto, se fôssemos dividir o palco em suas três dimensões, teríamos de considerar as nove áreas (da Fig. 1) multiplicadas por três níveis, totalizando vinte e sete áreas. Seria como um grande cubo formado por vinte e sete cubinhos, todos contendo comprimento, altura e profundidade.

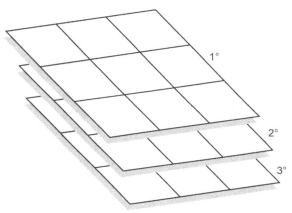

FIGURA 7: *Os três níveis.*

O acúmulo maior de linhas de força evidentemente ocorre no nível médio, ou seja, num ponto intermediário entre o chão e a parte alta do palco, onde se dá a maior parte das cenas, tanto em teatro como em dança. Esse ponto médio pode não ser exatamente o centro (geométrico) da altura do palco, mas é o que mais se aproxima desse centro, já que as cenas de chão e cenas de altura ocorrem nos pontos mais extremos da vertical.

O nível baixo do palco (onde ocorrem cenas de chão) é de todos o mais problemático. Dependendo da área utilizada, o nível baixo conta com poucas linhas de força a seu favor e ainda está sujeito ao grau de inclinação da plateia, que pode favorecer ou não a visibilidade.

As cenas de chão que ocorrem no centro do palco são privilegiadas; conforme se afastam do centro, tendem a perder força, sobretudo quando se alojam nos cantos.

O nível alto é mais privilegiado que o nível baixo porque não tem problemas quanto à visibilidade da plateia (cenários, torres, andaimes, elementos suspensos, etc. são bem visíveis ao público). Um objeto suspenso na parte mais alta e central do palco ocupa uma área que recebe quantidades idênticas de força na horizontal, na transversal e nas diagonais. A vertical, porém, não oferece equilíbrio de forças entre o que vem de baixo e o que vem de cima.

A DINÂMICA DAS LINHAS DE FORÇA

Até aqui, analisamos as linhas de força de cada área do palco, nos seus diversos níveis, mas tudo do ponto de vista estático. Cada uma dessas áreas representa um ponto de confluência de linhas que começam de um lado e terminam do outro, perpassando um eixo. Algumas áreas consideramos "fortes" porque conseguem o máximo de concentração visual do público, esteja ele sentado onde estiver em relação a elas. Outras áreas são "fracas" ou "relativamente fracas", dependendo do ângulo de visão do espectador.

Assim é o palco e suas linhas de força. Conhecê-lo é evidentemente necessário para o iluminador, já que, em primeiro lugar, a iluminação existe para iluminar o palco, de acordo com suas áreas e níveis.

Ocorre, porém, que esse palco, dotado de áreas de forte e de fraca concentração visual, serve de suporte físico para uma outra realidade que nele vem se instalar: a cena.

A cena, por sua vez, traz consigo seu próprio espaço, com suas três dimensões próprias. O que acontece quando um espaço tridimensional se instala em outro espaço tridimensional?

O palco é estático. Suas áreas e seus níveis são permanentes. A cena, não. A cena é dinâmica. Cada peça, cada espetáculo de dança, tem o seu espaço particular.

A cidadezinha de Güllen, em *A Visita da Velha Senhora*, tem seu espaço particular com suas três dimensões. A porteira de *Além do Horizonte*, de Eugene O'Neill (1888-1953) já é um outro caso tridimensional; os movimentos que Nijinsky (1890--1950) criou para a *Sagração da Primavera*, de Stravínski (1882--1971), também é um outro espaço tridimensional, que difere da *Sagração* na versão de Pina Bausch (1940-2009).

A cena, seja ela de dança ou teatro, "escreve" um outro desenho tridimensional sobre o espaço já conhecido do palco.

LUZ E ESPAÇO

Essa dupla espacialidade da arte cênica é uma das questões básicas da investigação teórica em semiologia teatral[2].

O coreógrafo Rodolf von Laban (1879-1958) também relaciona cubo e esfera. Há um cubo sobre o qual vem se instalar uma esfera. Cubo tem uma conotação estática. Esfera é dinâmica. O cubo é o palco, com suas três dimensões e suas linhas de força; a cena é a esfera, com seu espaço dinâmico, que muda a cada instante[3].

Como estabelecer uma luz que tenha uma dupla função ao mesmo tempo: iluminar o palco e iluminar a cena?

A mobilidade do signo visual no teatro só é possível por meio do ser humano. É o ator ou o bailarino que põe em movimento esse espaço, reescrevendo novas relações dimensionais.

Quando o ator abre uma porta, sobe uma escada, puxa uma cadeira ou simplesmente quando se põe ao lado da janela, ele desestabiliza as linhas de força que estavam em equilíbrio estático. Ao abrir-se, a porta sai de uma área fraca e entra numa área mais forte, atravessando milhares de pontos no espaço, cada um impregnado de uma determinada força. Por outro lado, quando os atores se movimentam em relação ao cenário ou se movimentam uns em relação aos outros, estabelecem um espaço que "fala"[4]. O que é estático, portanto, não é tão estático quanto parece. É um espaço em mutação, condicionado por alguém que, ao se movimentar, desestabiliza os seus (do espaço) códigos de força.

Na dança, o espaço aparentemente vazio é, ao contrário, um espaço eloquente, de altíssima mobilidade. O espaço preenchido e o espaço vazio contracenam o tempo todo, como alguém que fala e alguém que escuta.

Esse ir e vir do ator e do bailarino cria um ritmo dinâmico de forças. Os diretores e coreógrafos jogam com essa dinâmica nos seus desenhos de marcações e coreografias. Há desde o conjunto mais previsível dos códigos rígidos do balé clássico até os superconvencionais dos balés folclóricos e os completamente

---

2 Cf. A. Ubersfeld, O Teatro e o Espaço, *Para Ler o Teatro*, p. 91-123; P. Pavis, *Dicionário de Teatro*, p. 132-136.

3 Cf. E. Souriau, O Cubo e a Esfera, em J.R. Redondo Júnior (org.), *O Teatro e a Sua Estética*, v. II, p. 31-54.

4 Cf. U. Eco, *A Estrutura Ausente*, p. 235.

imprevisíveis, como aqueles de um Merce Cunningham (1919-
-2009) e de um William Forsythe (1949).

No teatro, ressaltaríamos a eloquência de movimentos que
o diretor Ulysses Cruz imprimiu à montagem de *O Despertar da
Primavera*, de Frank Wedekind, em 1986, em que os atores rela-
tivizavam o espaço e construíam novas espacialidades, à medida
que saltavam por entre os bancos durante os diálogos.

O teatro mobiliza todas as linhas de força do palco, transformando o cubo estático numa esfera dinâmica, imprevisível e
vibrante. Acompanhar com os olhos tudo o que se vê no palco é
perseguir a vibração dessas forças postas em movimento, umas
se opondo às outras, por simetria e assimetria.

Quando o ator se desloca, por exemplo, de um dos cantos do fundo do palco para a área central, pode-se dizer que
há uma força crescente, com aumento de expectativa visual.
Contudo, saindo de uma das extremidades da frente do palco
e caminhando em direção às áreas do fundo, a tendência é o
enfraquecimento e a consequente perda de interesse visual.

Os olhos buscam algo no espaço e tendem a se concentrar
nos pontos axiais perfeitos, ou seja, nos pontos de maior convergência de forças vindas das três dimensões.

As diagonais que passam pelo centro do palco são linhas
fortes. No entanto, podem ser consideradas crescentes quando
partem do fundo em direção à frente e decrescentes no sentido contrário. Isso significa que um ator ou bailarino adquire
importância visual quando vem do fundo para a frente, na diagonal, bem como enfraquece ao retornar em sentido contrário. Mesmo entre as duas diagonais crescentes (as que saem
das extremidades do fundo em direção às extremidades da
frente do palco) há diferenças de força. A que faz o sentido
esquerda-direita é um pouco mais forte do que a que faz o sentido direita-esquerda. Pelo menos para os destros.

Os movimentos em linha reta, partindo do fundo para a
frente do palco, crescem progressivamente. São relativamente fortes no ponto de origem, adquirem mais força à medida que vão
entrando no centro geométrico do palco e continuam em evolução até chegarem ao limite do proscênio. Observamos isso quando
um grupo de atores, em linha reta, vem do fundo do palco, passa
pelo centro até chegar ao proscênio, em posição de confronto

LUZ E ESPAÇO

com o público. A tendência é crescer e adquirir importância, conforme avança em direção ao arco do proscênio. Ao passar pelo eixo central do palco, o que Doris Humphrey chama de *dead center*[5], o grupo ganha uma dimensão épica, heroica e teatralista ao extremo. Quando vai deixando o meio do palco em direção à frente, a tendência é a dramatização, depois o enfrentamento. Se ultrapassar o limite estabelecido pela quarta parede, avançando em direção ao público, atinge a desnaturalização. Não vemos mais as personagens, mas sim os atores. Porém, quando o grupo retorna para o fundo, principalmente de costas para o público, há um enfraquecimento inevitável, à medida que invade profundidade do palco. É o abandono, a recusa, a renúncia ou a indiferença.

Os movimentos circulares são naturalmente mais fortes que os percursos em linha reta. Isso se explica porque, em círculo, as estruturas de força vão se alternando com rapidez, numa sucessão de pontos fracos em contraste com pontos mais fortes, possibilitando uma impressão visual dinâmica.

Em dança, os giros em deslocamentos são visualmente muito poderosos, sobretudo quando exploram percursos privilegiados, como as diagonais que vêm para a frente do palco ou quando se desenrolam de um lado para o outro como se fossem um novelo.

A valorização das complexidades geométricas no espaço, e suas relações com o tempo, consiste numa das principais tendências da arte moderna e contemporânea. Picasso é exemplo disso na pintura; Mary Wigman (1886-1973), Laban e Alwin Nikolais, na dança. A influência do expressionismo de Nolde, das pesquisas da Bauhaus, do cubismo e do abstracionismo na dança de Mary Wigman produziram experiências como a do *Balé Triádico*, no qual ela "despersonaliza totalmente o bailarino, recobrindo seu corpo de formas geométricas, ideia que seria retomada, depois de 1950, por Alwin Nikolais"[6].

Em dança, a experiência mais profunda sobre o conhecimento do espaço, provém, no entanto, das pesquisas de Laban, com quem Wigman trabalhou de 1913 a 1919. Laban propõe o icosaedro, isto é, um poliedro limitado por vinte faces que

5 Cf. D. Humphrey, *The Art of Making Dances*, p. 80.
6 Cf. R. Garaudy, *Dançar a Vida*, p. 112.

134 FUNÇÃO ESTÉTICA DA LUZ

são triângulos equiláteros iguais entre si. "Essa era, para ele, a figura geométrica perfeita, aparentada ao mesmo tempo à esfera e ao cubo; o homem pode, aí, executar todos os movimentos, como numa esfera, mas segundo as três dimensões definidas pelo cubo."[7]

AS LINHAS DE FORÇA E A LUZ

As marcas de força, determinadas pelas linhas nos diferentes níveis, vão e voltam, principalmente nos espetáculos de dança, em que os bailarinos se movimentam por todas as áreas. Quando a movimentação se dá do centro para as laterais, a simetria axial tende a se desestabilizar. Consequentemente, o eixo ficcional também se degenera até chegar ao limite, quando o que se vê não é mais o príncipe Albert que há pouco cortejara a camponesa Giselle, mas o bailarino que está saindo pela lateral do palco. O efeito estético vai se debilitando e o que se pode ver não é mais parte de uma ficção, mas a própria realidade na pessoa do bailarino.

Os cantos e as laterais em geral são fracos, justamente por não constituírem eixos com segmentos inteiros dos dois lados. Representam os limites de um espaço quadrangular, cuja continuidade se acha oculta, por trás dos bastidores.

A iluminação é um elemento que concretiza as linhas de força preexistentes no palco.

Desde os primeiros ensaios, o diretor teatral e o coreógrafo já trabalham mentalmente com os três níveis da vertical e com as linhas de força do palco. Na realidade, eles pensam em linhas e níveis e não necessariamente em luz (embora muitos já tenham plena consciência da interligação espaço-movimento-luz, a exemplo dos espetáculos de Gerald Thomas e os balés de Nikolais).

A linha é o elemento invisível com o qual se trabalham as marcações e as coreografias. Só mais tarde, no ensaio de iluminação, essas linhas invisíveis serão concretizadas e destacadas

---

7   Idem, p. 118.

LUZ E ESPAÇO

pela luz. E os níveis também aparecerão. Ficará visível o que ocorre no chão, no nível médio e no nível alto.

A linha tem a capacidade de perpassar e transpor o obstáculo. A luz não tem essa capacidade, a não ser que se trate de superfície transparente. Em geral, a luz acompanha o percurso de uma linha até o momento em que apareça um obstáculo à sua frente. A partir daí, ela interrompe sua trajetória e volta, reflete ou é completamente absorvida. O outro segmento da linha, situado além do obstáculo, terá de ser descrito por uma outra fonte de luz, obviamente posta em sentido contrário. Daí a necessidade de a iluminação cênica operar com duas luzes ao mesmo tempo num único ponto de convergência no espaço, como se pretendesse concretizar a trajetória aparentemente invisível das linhas de força.

Uma luz lateral vinda da esquerda, por exemplo, é complementada por uma outra vinda da direita. Uma frontal é rebatida por uma contraluz, e assim por diante. Vemos, portanto, que há implícito um princípio de oposições na configuração dos mecanismos de força do palco, o que pede, necessariamente, uma luz também por oposições: luz frontal e sua respectiva contraluz, lateral esquerda *versus* lateral direita etc.

Por outro lado, a necessidade de se priorizar a noção axial significa revitalizar, por meio da luz, os pontos axiais preexistentes no espaço do palco. Buscar o eixo ou o ponto de convergência, é buscar a força total, a centralização. Nosso olhar é centralizador: vemos primeiro o que está no centro geométrico ou centro óptico; depois, o que está nas adjacências.

Uma luz que provém da esquerda e outra que provém da direita não é apenas um recurso dimensional e expressivo. É, antes, uma necessidade inconsciente de se estabelecer um eixo de atração para o olhar, um ponto visual onde forças opostas se equilibram, por meio de feixes de luz que permitem concretizar, no espaço, as três dimensões e suas respectivas linhas de força.

A iluminação realça, mas não altera as forças preexistentes do palco. O canto continuará sendo canto e o meio do palco continuará sendo a melhor área em termos de visibilidade. O que a iluminação pode fazer é revelar a importância de uma área em relação à outra ou revelar que acima do nível baixo há um nível mais alto e, acima deste, há outro mais alto ainda.

RELAÇÃO ENTRE LUZ E CENA

Quando a cena se instala no palco surge uma nova complexidade dimensional. Aquele espaço anteriormente neutro, com suas áreas de forte ou fraca concentração visual, adquire uma configuração de ordem dramática que propõe um movimento ininterrupto de linhas de força. O palco passa a ser visto não apenas com os olhos, mas com a imaginação. Cenários com portas, janelas, grades, rampas, escadarias, volumes e superfícies invadem o palco, estabelecendo um complexo de novas dimensões. Basta um ator em cena para que o espaço neutro do palco adquira vida. Cada degrau de escada que o ator sobe produz novas linhas de força. Cada objeto que ele toca, renasce, sai da imobilidade. Dos urdimentos, pode descer um porco e de repente estarmos diante de uma cena de *O Sr. Puntila e Seu Criado Matti*, de Brecht. A partir do momento em que a cena se instala, as linhas de força se multiplicam, se reconfiguram e se diversificam.

Por sua vez, a luz não dialoga apenas com as ações físicas, os movimentos externos do ator e seus deslocamentos de um ponto ao outro do palco, mas também com o silêncio, com a ausência, com os pensamentos e ações interiores. O ator comanda a mobilidade e a imobilidade, ambas com função dramática; cabe à luz vivenciar esses momentos, trocar matéria, energia e informação com cada um deles.

Dois fatores da luz nos parecem imprescindíveis para estabelecer essas trocas: o aspecto dimensional e a intensidade.

O aspecto dimensional transmite o espaço e está relacionado à capacidade de a luz saber enxergar a cena na sua diversidade de orientações e ângulos.

A intensidade transmite o tempo, as durações, as mudanças de estado das cenas.

No que diz respeito ao aspecto dimensional, precisaríamos antes entender as orientações da cena, nos seus diversos sentidos e direções. Em seguida, investigar as possibilidades de a iluminação cênica dar conta dessas orientações.

Cena e luz são dois componentes vivos do teatro, uma vez que envolvem trocas entre si. A cena tende a manifestar livremente suas energias, em continuidade. Quanto à luz, embora

LUZ E ESPAÇO

seja também um componente vivo do teatro, por suas radiações eletromagnéticas, é sujeita a restrições técnicas. Nem sempre a iluminação dispõe de meios capazes de dar conta da complexidade dimensional do corpo em cena. Muitos detalhes e percursos do corpo no espaço deixam de ser vistos por restrições de iluminação, sobretudo no palco italiano, devido às limitações que ele impõe.

Como entender, pelo menos teoricamente, quais seriam os pontos dimensionais da luz necessários para acompanhar a dinâmica do ator em cena?

Uma visão sistemática a respeito das orientações espaciais que poderia nortear a investigação sobre a dimensionalidade da luz encontramos nos estudos de Laban, para quem a movimentação do corpo se dá em 27 direções[8].

Se o corpo pode movimentar-se em 27 direções, então um ator ou bailarino deve ser iluminado de todos esses ângulos para que se tenha uma visão completa de seus movimentos? Seria o ideal, mas não é possível. Em geral, no palco italiano, ilumina-se o ator ou o bailarino de seis ou oito pontos diferentes, em razão das restrições que existem, principalmente quanto à dimensão de altura.

No esquema de seis direções, a luz é projetada de frente (cruzando-se uma da esquerda e outra da direita), com duas respectivas contraluzes, dando conta da dimensão de profundidade. Para contemplar a dimensão de comprimento, utilizam-se luzes projetadas das laterais do palco.

No esquema de oito direções, acrescentam-se mais duas: uma de frente e outra de trás, ambas projetadas em linha reta.

A dimensão vertical, com uma luz a pino (*downlight*) e outra de baixo para cima (*uplight*) ocorre raramente, quando há necessidade de produzir algum efeito específico.

Os esquemas de seis e oito direções da luz nem sempre diferenciam os três níveis do palco: o baixo, o médio e o alto. Se o fizessem, contemplariam pelo menos dezoito direções (no esquema de seis) e 24 (no esquema de oito).

As outras três que faltam para chegar às 27 orientações propostas por Laban correspondem exatamente aos três níveis

8   L. Rengel, *Dicionário Laban*, p. 48.

referentes à dimensão de altura: a luz projetada exatamente do nível baixo (*uplight*), médio e alto (*downlight*).

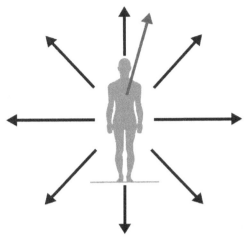

FIGURA 8: *As nove direções do corpo.*

A projeção de luz sob 27 ângulos em todas as áreas de atuação é praticamente impossível no palco italiano. Não haveria como instalar focos projetados diretamente de baixo ou de cima do ator nas nove áreas do palco.

No entanto, a luz deveria explorar a maior quantidade possível de ângulos de projeção, com o intuito de poder contemplar a movimentação do corpo nas três dimensões.

A questão da luz não está em ilustrar uma determinada referência do texto (como um pôr do sol, por exemplo), nem em expressar algo, estabelecer atmosfera ou atuar como recurso discursivo e retórico da encenação, mas em penetrar na espacialidade e na temporalidade da cena, as quais não se apresentam como formas estagnadas no espaço e no tempo, mas como transições e estados, marcados pela transformabilidade e impermanência.

Quando o ator inclina o corpo para apanhar algo que está no chão, seu movimento se expressa na vertical (dimensão de altura), o mesmo acontecendo quando aponta uma estrela no céu. Ao entrar por uma porta à esquerda e se dirigir a uma janela à direita, percorre principalmente a dimensão de comprimento; ao deixar a frente do palco em direção ao fundo,

LUZ E ESPAÇO 139

realiza o movimento na dimensão de profundidade. Os movimentos, porém, não se dão a ver numa linha reta, mas, sim, numa complexidade de linhas diferentes, que vão percorrendo as três dimensões.

Essa complexidade de movimentos inaugura novas relações de espacialidade. É como se tivéssemos espaços dentro de espaços. Em *Júlio César*, de Shakespeare, o cenário de uma escadaria poderia servir para caracterizar o local onde transcorre a ação. Porém, é a movimentação dos atores que sugere a complexidade espacial: as mudanças posturais, os pequenos gestos, o arranjo das posições de cada um nos degraus e o cerco que se vai fechando em torno de César até culminar com o seu assassinato.

Numa cena em família, envolvendo pai, mãe e filhos, pode ser que um se aproxime do outro buscando proteção num momento de perigo, como ocorre em *O Diário de Anne Frank*, de F. Goodrich e A. Hackett, ou então se formem subgrupos por haver discordância quanto ao tratamento que se deve dar a Helen Keller durante o jantar, em *O Milagre de Anne Sullivan*, de William Gibson; os habitantes de Güllen procuram se afastar de Alfred Schill todas as vezes que o encontram, pois passam a suspeitar dele, por atos cometidos no passado, em *A Visita da Velha Senhora*, de Durrenmatt; o padre se aproxima fisicamente de Zé-do-Burro, em *O Pagador de Promessas*, de Dias Gomes, mas suas convicções religiosas o mantêm distante daquele que julga estar possuído pelo demônio.

Esses e outros inúmeros exemplos de peças revelam que o local onde transcorre a ação (seja um sótão em Amsterdã, uma casa no sul dos Estados Unidos, uma cidadezinha ou a escadaria de uma igreja) diz muito pouco sobre o espaço, uma vez que a sua complexidade só se manifesta mesmo durante a representação em palco, quando os atores se deslocam uns em relação aos outros, percorrendo as três dimensões.

É a partir da construção dessas espacialidades (que ocorrem dentro de um lugar previamente definido) que poderíamos começar a entender o papel da luz no teatro. Ou seja, por um caminho inverso, em que se ilumina do menor para o maior, e não o contrário.

A luz e a cena estabelecem entre si um vínculo de indissociabilidade. Esse vínculo pressupõe uma relação permanente entre as duas partes, uma estabelecendo comunicação com a outra, uma se adaptando à outra, continuamente, até fechar o pano.

Se a cena evolui incessantemente no espaço, espera-se que a luz participe dessa evolução, de modo que chegue ao alcance do espectador o diálogo que existe entre ambas, uma se dando a conhecer por meio da outra.

Os recortes de luz e as mudanças estabelecidas externamente, por necessidade expressiva, no plano retórico da encenação, não excluem a relação de codependência entre cena e luz. Mesmo no âmbito da seletividade, determinada pela estruturação narrativa e pelos recursos expressivos, os acordos entre cena e luz se mantêm como processos que trocam informações entre si.

Desse modo, todas as chamadas "mutações" de luz, quaisquer que sejam os seus fins, implicam novos estados de codependência entre cena e luz.

A vitalidade da luz está diretamente vinculada à vitalidade da cena. Ao movimentar-se, o ator descobre e inaugura novas relações espaciais, para os lados, para a frente, para trás, para cima e para baixo.

Quando recorremos às orientações espaciais descritas por Laban, que estabelece 27 direções do corpo no espaço, propomos encontrar as bases que poderiam nortear o entendimento da luz, como algo diretamente vinculado ao corpo e, consequentemente, à cena.

A divisão do palco em seis áreas, proposta por McCandless, desde o final da década de 1920, já prenunciava uma necessidade de entendimento da luz em relação ao espaço onde ocorre a cena. Ao dividir o palco por áreas, ele buscava uma compreensão da luz não de forma isolada, mas a partir do espaço que a ela servia de objeto. McCandless teve vários seguidores e seu esquema por divisão de áreas funcionou por muito tempo como base do *design* de iluminação.

O mapeamento do palco por áreas serviu não só para os iluminadores, mas para os próprios diretores e coreógrafos traçarem suas marcações de áreas onde deveriam ocorrer as cenas.

Por sua vez, a análise das linhas de força do palco, realizada por Doris Humphrey, veio contribuir para uma descrição das áreas a partir da perspectiva visual do espectador.

LUZ E ESPAÇO

As abordagens de McCandless e Doris Humphrey, um separando o palco em áreas e a outra analisando a força visual de cada área, permitiram avançar no conhecimento do palco, como suporte para as relações entre cena e luz. Por sua vez, o estudo detalhado do movimento, realizado por Laban, um dos criadores da dança moderna (juntamente com Mary Wygman e Martha Graham), certamente contribuiu ainda mais para elucidar essas relações.

McCandless mapeou o palco; Doris Humphrey analisou suas linhas de força e Laban sistematizou os movimentos que o corpo poderia fazer em todas as áreas, em todas as direções da tridimensionalidade, percorrendo no palco diferentes linhas de força.

Dos estudos sobre iluminação cênica, recentemente publicados, um dos que fazem referência a essa questão da luz na tridimensionalidade é o de Max Keller. Para ele, seis ângulos principais seriam suficientes para iluminar um objeto ou o espaço, embora o ideal fossem oito ângulos[9].

As considerações de Keller sobre os ângulos aproximam-se das direções de orientação espacial propostas por Laban, que incluem nove direções em cada nível do palco, se considerada, também, a vertical a 90°.

O desafio da iluminação cênica estaria em poder contemplar a maior quantidade possível dos movimentos do corpo no espaço tridimensional, apesar das restrições que o palco impõe.

Quando o ator se movimenta, mesmo estando numa única área de atuação, seus movimentos se dão nas três dimensões, as quais seriam contempladas, seguindo o esquema de Laban, por nove direções diferentes, sem contar a infinidade de pontos intermediários entre uma posição e outra.

A impossibilidade de se registrar, por meio da luz, todas essas incursões do corpo no espaço contribui muito para o achatamento e para a visão pictórica e bidimensional em que, muitas vezes, a iluminação cênica resulta. Ainda que as variações de intensidade e cor possam contribuir para enriquecer a iluminação, o problema continua sendo a impossibilidade de se registrar, por intermédio da luz, a livre incursão do corpo no espaço tridimensional.

9 Cf. *Light Fantastic*, p. 219.

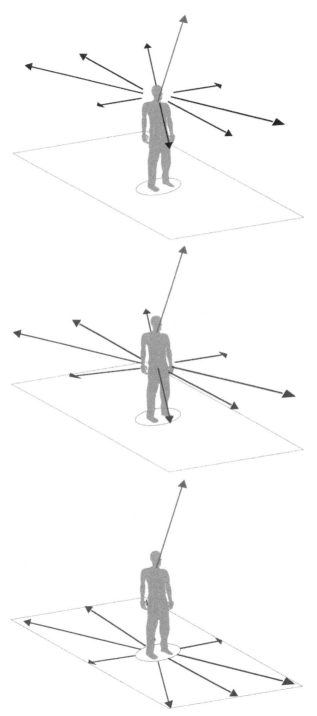

FIGURAS 9, 10 E 11: *Ângulos diferentes nos três níveis.*

É claro que as condições do palco italiano impõem restrições à luz, pois para iluminar um corpo sob nove ângulos diferentes seria necessário instalar refletores em todos os pontos, inclusive no chão. Em princípio, isso estaria fora de cogitação.

Nas apresentações em espaços alternativos, uma quantidade maior de ângulos de luz torna-se possível em função das condições que o espaço de atuação tem a oferecer. Mesmo assim, a visão da luz ainda é parcial. Muitos dos movimentos do corpo no espaço são visualmente ignorados em razão da perspectiva da luz em relação à perspectiva visual do espectador.

Se a luz não pode acompanhar todas as incursões do corpo no espaço tridimensional, não significa que não seja capaz de sugeri-las, a partir da combinação de ângulos que se mostram possíveis, no palco italiano ou em outros espaços.

7. Luz e Tempo

TEMPO CÊNICO E TEMPO DRAMÁTICO

Antes de examinar as relações que há entre luz e tempo, convém esclarecer os dois tipos de tempo com que nos deparamos no teatro.

O primeiro é o *tempo cênico*, que remete a si mesmo, vivido pelo espectador e pelos atores. A representação que está se desenrolando no palco faz parte do mesmo tempo no qual está inserido o espectador. Conforme Pavis afirma, "consiste num presente contínuo, que não para de desvanecer-se, renovando--se sem cessar"[1].

O segundo é o *tempo dramático*, que pertence ao plano da ficção, da fábula, da história que está sendo representada. Ainda conforme Pavis, "não está ligado à enunciação [...], mas à ilusão de que algo se passa ou se passou ou se passará num mundo possível, aquele da ficção"[2].

O tempo cênico diz respeito ao tempo da vida real, que tanto os atores quanto os espectadores vivenciam no momento

1 *Dicionário de Teatro*, p. 400.
2 Idem, ibidem.

em que se dá a representação teatral. A partir do momento que inicia a cena, o tempo transcorre sem cessar até o encerramento da apresentação. Não há possibilidade de estancá-lo ou de fazê--lo saltar de um ponto ao outro.

No tempo dramático, a cena inscreve sua própria convenção temporal, podendo interromper o seu fluxo a qualquer instante e passar de um tempo ao outro, transitando livremente entre o presente, o passado e o futuro.

Há peças em que o tempo cênico e o tempo dramático se desenvolvem concomitantemente. A ação dramática transcorre num período ficcional de duas horas e esse tempo coincide com as mesmas duas horas de duração do espetáculo. A estética clássica chegou a exigir essa coincidência que se verifica, também, na estética naturalista, "na qual a realidade cênica reproduz em tamanho natural a realidade dramática"[3].

Outras vezes, o tempo dramático tem uma duração maior que a do tempo cênico. O espectador assiste a um espetáculo de uma hora de duração, mas a peça mostra a transformação de uma personagem ao longo de vários anos.

Numa terceira possibilidade, o tempo cênico é maior que o tempo dramático. A ação se reduz a um instante na vida da personagem, mas esse instante é apresentado de forma dilatada, como se vê nos espetáculos de Bob Wilson.

Ao longo de sua história, o teatro traz vários exemplos dessas modalidades de apresentação da dupla natureza do tempo teatral.

A LUZ E O TEMPO CÊNICO

No tempo cênico, a relação entre luz e tempo se dá a ver não como um instante único e estagnado, mas como um processo dinâmico e contínuo, que se apresenta como duração, isto é, como algo que ocorre na extensão entre um antes e um depois.

Esse tempo sempre atual da luz caminha continuamente para a frente, sem retroceder. É atual porque deixou de ser passado e também porque ainda não é futuro. É uma espécie de

---

3   Idem, p. 401.

LUZ E TEMPO

sem-tempo que está para se definir, mas que nunca irá se definir para não perder a processualidade e a transitividade que o caracteriza como tempo.

Nesse sem-tempo em que ocorrem as transições e as movimentações cênicas, transitam também as claridades da luz, entre sombras e brilhos. A quantidade de reflexos e de absorção da luz varia na proporção dessas mudanças.

No palco, as claridades, os brilhos e as sombras entram e saem, trocam de posição, confundem-se, transitam livremente sobre as coisas, obedecendo a uma ordem que muitas vezes escapa à percepção. Quando o corpo se move diante da luz, áreas mais escuras tornam-se claras e vice-versa, estabelecendo oposições, contrastes e variações tonais que vão do claro ao escuro, do brilhante ao sem brilho.

A relação entre luz e cena, como acontecimentos físicos que estabelecem contatos entre si, não ocorre, pois, dentro de um tempo único e imutável, como se fosse um registro fotográfico. É antes uma relação que se estabelece dentro de um tempo dinâmico, que se apresenta sob a forma de estados de temporalidade que se vão modificando. As radiações são contínuas e, na duração das trocas entre os fluxos luminosos e as coisas, o tempo flui de modo inestancável e irreversível.

Por mais que se pretenda demonstrar no palco a imobilidade, os fluxos de tempo são incessantes, tanto os do ator quanto os da luz. Esse tempo dinâmico e processual não contém demarcações precisas, extensões delimitadas e quantificáveis; sua evolução é contínua e natural, ainda que possamos cronometrá-lo em nossos relógios.

O tempo em que transcorre a cena mostra-se como duração, sem possibilidade de ser coagulado ou de saltar de um ponto ao outro, como numa edição de imagens. O que se vê em cena ocorre em concomitância com o tempo real na sua extensividade. A cena comunica estados de temporalidade que fluem naturalmente, sem possibilidade de controle (o único controle possível ocorre no plano do discurso, com os processos estruturantes da encenação).

Se o tempo da luz segue os fluxos temporais da cena, podemos dizer que há uma relação temporal inalienável entre cena e luz. Cada recorte de cena estabelecido pela encenação implica um recorte de luz cuja duração temporal coincide com a duração do recorte da cena.

Na montagem de *A Vida e a Época de Dave Clark*, de Bob Wilson, luz e cena dialogavam em silêncio, num tempo quase infinito, ainda que aparentemente estático. Paradoxalmente, o que parecia fixo estava em movimento, de modo imperceptível. Os lúmens, os fótons, os componentes mínimos da luz dialogavam com a cena em sua imobilidade eloquente. Era uma luz para ser ouvida, no tempo, muito mais que para ser vista no espaço.

Na pintura, a luz registra o tempo como um dado momento da realidade. Os quadros apresentam um recorte de tempo que corresponde a um momento isolado dentro de um todo. Do tempo que a luz registra na pintura, não se tem informação do que ocorreu antes e não se sabe também o que terá acontecido depois. É uma luz que comunica um momento apreendido de uma extensão temporal que está implícita ou pressuposta. A pintura traz um estado de luz capturado e situado entre dois nadas, ou entre dois tempos não conhecidos. Cabe ao observador reconstituir o tempo na sua extensionalidade, dentro da qual se situa aquele instante registrado na tela.

Enquanto na pintura e na fotografia o tempo é o registro de um instante, no teatro o tempo se mostra como duração, sem possibilidade de ser interrompido e de saltar de um ponto ao outro. Tudo o que se vê em cena ocorre em concomitância com o tempo real. O que a cena comunica são manifestações ou estados de temporalidade que fluem sem possibilidade de controle.

Os atores são pessoas que estão num palco realizando seu trabalho dentro de um tempo real e comum para eles e para os espectadores. O fato de estarem representando sob uma luz de entardecer não significa terem perdido a conexão com o tempo real. A luz representa um tempo ficcional, que se constrói em concomitância ou não com o tempo real, mas que jamais se desvincula dele

Nesse processo de concomitância e indissociabilidade entre luz e cena, o tempo se manifesta não pelos ponteiros do relógio, marcando os minutos e segundos, mas por meio de um *continuum* que pode ser percebido enquanto acontece. Jamais seria possível cronometrar e demarcar a infinidade de respostas livres que ocorrem a partir das complexas relações de refletâncias, transmitâncias e fenômenos de absorção que caracterizam a relação entre a luz e as coisas que ilumina.

No teatro em que a luz se recusa a representar papéis e a desempenhar funções, com objetivo de atuar simplesmente como luz, o que passa a ter importância é a sua interação física com a materialidade da cena. É uma luz que se coloca não como a representação de instantes, baseados em escolhas prévias, determinadas pela fábula, mas como manifestação contínua de si mesma, acontecendo em concomitância com a duração dos estados da cena. Em tais casos, a luz não significa nada além de si mesma; o que se vê dela são os reflexos e as absorções. Ou seja, a luz se apresenta como fim em si mesma e não como meio para atingir determinados fins dramáticos.

Se a luz comunica uma temporalidade de ordem física que subjaz como realidade inalienável da cena, não há como ignorar a materialidade viva das radiações, que pulsam por trás dos efeitos ilusionistas e das soluções derivadas das inúmeras funções da luz na encenação.

Ainda que a iluminação cênica artificial muitas vezes utilize a luz como mídia para comunicar alguma coisa, sabemos que ela é um fenômeno vivo que afeta os corpos que ilumina e é afetada por eles. As informações que provêm do tungstênio e das combinações de cloro, bromo, iodo e flúor entram em contato com a pele dos atores, com a madeira do cenário, com a textura das roupas e com as partículas que estão no ar, transformando o ambiente e as condições de luminância.

Por trás do teatro como representação dramática, o que há são corpos reais, matérias, organismos vivos, ondas, radiações eletroquímicas e eletromagnéticas que se relacionam entre si. Não há como falar de tempo propriamente dito, a não ser desse.

A LUZ DE VER O TEMPO

A luz se desenvolve num tempo que é seu, independentemente de servir, no teatro, como recurso excelente para representar o tempo dramático e o tempo do discurso cênico.

Quando os corpos em cena se movimentam em presença da luz, a sua aparência se reformula continuamente. Tudo o

que estava no lugar se desarranja, até a cena se estabilizar novamente. A luz segue o deslocamento dos corpos em movimento,
por meio dos quais ela se dá a ver.

Numa cena de entardecer, em *O Jardim das Cerejeiras*, de
Anton Tchékhov (1860-1904), o que se espera ver não é apenas
um registro estagnado de combinações cromáticas e tonais produzindo uma imagem, à semelhança da eternidade do entardecer que Turner registrou em sua obra. No palco, as constâncias
e inconstâncias de luz que dão vida ao entardecer manifestam-
-se por meio da complexidade de refletâncias, transmitâncias
e fatores de absorção que se formam a partir da relação entre
os fluxos luminosos e a posição dos corpos.

Quando o ator dá um passo, senta-se, vira para a esquerda e
fala com o seu interlocutor, a luz participa de toda essa movimentação no espaço. É essa relação ininterrupta com as energias da
cena que traz vitalidade à luz e a tudo aquilo que ela se propõe a
representar. Não são as mudanças determinadas de fora e as transições previamente marcadas que garantem a vitalidade da luz.

Para fins de representação dramática, a iluminação pode
selecionar e combinar alguns efeitos capazes de produzir inúmeras simulações de luz da realidade. Em geral, porém, o resultado disso baseia-se numa imagem, numa lembrança, que se
constrói a partir de escolhas de ângulos, cores, projeções e
graus de intensidade que se combinam até formarem um simu-
lacro. O efeito resultante disso pode traduzir figurativamente
o efeito de luz que o texto pede.

No entanto, sabemos que a luz artificial é um produto de
corrente elétrica em combinação com gases inertes, halogênio
e partículas de tungstênio. Quando os refletores se acendem,
os fluxos luminosos transportam radiações que afetam os pontos sobre os quais incidem. Não nos damos conta das trocas
de energia e informação que ocorrem durante esses contatos.

Se a cena fosse um quadro estático, como na fotografia, o
tempo da luz se apresentaria como um momento aparentemente
estagnado. Porém, no teatro, os atores se movimentam, as falas
se apresentam umas após as outras, o espaço se reformula e o
tempo flui irreversivelmente. A luz acompanha essa mobilidade.

O movimento da luz não é senão o movimento da cena
no espaço-tempo. Não estamos lidando com pigmentos, com

LUZ E TEMPO

substâncias cromáticas que chegam, se instalam e assim permanecem, sem mudanças, mas com algo que está vinculado à cena e se reflete dela.

Como fluxo luminoso que emite gás carbônico e provoca as moléculas do ar, a luz é algo que interfere diretamente no ambiente. Não é possível negar isso, mesmo que a intenção seja fazer com que os olhos do espectador se concentrem apenas no efeito dramático.

O fluxo de radiação da luz nos seus milionésimos de segundo é imperceptível. Num espetáculo inteiramente iluminado com luz geral, sem uma única alternância, o tempo parece estar parado. No entanto, ele corre em concomitância com o tempo real, no qual se instala o tempo dramático da cena. É um tempo real que transcorre silenciosa e imperceptivelmente, como aquele que não cessa de acontecer em nossa experiência diária.

Em *Um Bonde Chamado Desejo*, os diálogos entre Blanche e Stanley transcorrem no fluxo do tempo. Numa montagem realista desse texto, a luz geral, aparentemente constante, que ilumina os atores que representam essas personagens, não está absolutamente parada como se fosse a luz de um quadro. Ao contrário, é uma luz que muda incessantemente, ora tornando-se invisível e ora visível, à medida que os pontos sobre os quais ela incide vão mudando de posição. Basta que Blanche dê um passo em direção a Stanley para que surjam novos estados de brilho e sombra em seu corpo, nas roupas, na pele e nos olhos. A luz participa de cada minúscula mudança que ocorre na configuração visual da cena, a partir dos movimentos dos atores e das relações proxêmicas que se vão estabelecendo entre eles.

O tempo é invisível por si mesmo, as mudanças temporais ocorrem imperceptivelmente, na maioria das vezes, ainda que possamos percebê-lo de modo indireto, por meio das nuvens que passam no céu, do vento que sacode as folhas das árvores e do movimento das marés. Quando nos damos conta, o tempo já passou.

Assim é também no teatro. O tempo corre imperceptivelmente enquanto dura a representação. Em *Navalha na Carne*, de Plínio Marcos (1935-1999), quando se dá o embate entre a

152 FUNÇÃO ESTÉTICA DA LUZ

prostituta, o cafetão e o homossexual, estamos presos aos diálogos enquanto o tempo passa. Não ficamos contando os segundos de cada réplica, pois estamos ocupados com o conflito da cena. No entanto, o tempo está passando, sob uma luz difusa e aparentemente estagnada que testemunha tudo de forma silenciosa, muda, mas não cega.

Mesmo quando não há mutações explícitas e previamente programadas na iluminação, o tempo se faz declarar por meio da quantidade de acordos que se estabelecem entre luz e cena. Qualquer alteração no ponto de incidência é o suficiente para desencadear novos reflexos, ou seja, a luz deixa de ser percebida exatamente como fora antes. Como há uma infinidade de movimentos durante os diálogos, a luz se faz cúmplice de cada um desses movimentos, ao revelá-los um a um, nas suas três dimensões, refletindo-se nas superfícies claras e deixando-se absorver nas áreas mais escuras.

Em *História do Zoológico*, de Edward Albee, Jerry e Peter se encontram no Central Park de Nova York e a peça tem a duração desse encontro. A cena única vai desde o momento em que Jerry chega, o embate entre ele e Peter, até o conflito final. Esse é o tempo dramático: uns cinquenta minutos, que coincide com o tempo da encenação.

Porém, enquanto Jerry e Peter dialogam, há uma evolução temporal que não cessa. Ao contrário, os segundos e minutos vão passando à medida que Jerry provoca Peter e este reage de modo a provocar Jerry, e assim por diante, até o desfecho.

O tempo não se dá a conhecer como algo estagnado, como se fosse um registro de pintura – como poderiam supor as rubricas do texto –, mas dentro de um processo de duração que se apresenta nos milissegundos do embate entre os dois.

A evolução dos diálogos, os confrontos, as distâncias, as ameaças, os recuos, os devaneios, as lembranças, os relatos, as pausas e os comportamentos de ataque e defesa constituem momentos e estados de tempo que se manifestam em presença de uma luz que, em princípio, não necessita de mudanças bruscas para ser viva, cúmplice, presente.

O tempo interno das cenas, que pontua os diálogos e o transcorrer da ação, é o tempo que fala à percepção. Paradoxalmente, é um tempo sem tempo, que se dá a ver enquanto duram as réplicas, os gestos e as expressões. É um tempo cênico que, no caso dessa peça, coincide com o tempo dramático determinado pela narrativa.

Em *História do Zoológico*, o diálogo ininterrupto revela uma temporalidade presente em cada fala, gesto e intenção. A hipótese de uma luz geral e constante provavelmente teria mais condições de dialogar com uma cena dessas que uma sucessão de recortes e mutações com finalidade meramente expressiva.

No palco, uma cena com duração de cinco minutos tem uma quantidade praticamente incontável de temporalidades que se vão construindo durante os cinco minutos em que a cena acontece. Há a temporalidade do olhar, do recuo, do enfrentamento, da displicência, da cumplicidade e de uma série de outras circunstâncias e estados que se instalam durante os diálogos e se desenvolvem no tempo.

O tempo propriamente dito se manifesta por meio dessas temporalidades, implicando contrastes e transições tonais que não cessam de acontecer durante a cena.

O *design* de iluminação cênica, apesar de sua importância na criação e organização da luz, não dá conta de descrever o processo de construtibilidade dos acontecimentos temporais da cena. Isso porque é apenas na relação direta entre a cena e a luz que realmente o tempo realmente se deixa ver como duração. Se essa relação não estiver presente, o *design* não consegue descrever senão instantes, partes isoladas e estancamentos temporais.

No palco, as coisas se apresentam num tempo real que flui incontrolavelmente, por trás das convenções de tempo dramático. Horas, dias e meses correm durante a narrativa de *Nossa Cidade*; no entanto, os espectadores não precisam mais que duas horas de suas vidas para presenciar tudo o que acontece na cidadezinha de Grover's Corner. Cada sequência dessa narrativa tem seu tempo, que não se expressa senão pela continuidade que provém do tempo da vida real.

A EXPERIÊNCIA COM TEMPO REAL

A participação da luz durante o processo de criação da cena, dialogando diretamente com os processos criativos do ator, tem sido característica de muitos trabalhos contemporâneos. Em geral, essas experiências rejeitam a luz como um sistema fechado e produzido, à parte do processo de criação da cena. Ao contrário, submetem a luz aos mesmos processos de seleção, combinação, subtração, acréscimo, associação, comparação etc., que caracterizam os processos criativos da cena. A tendência é fazer com que a luz acompanhe o desenrolar dos ensaios, adaptando-se às escolhas e arranjos que vão se apresentando no ato de criação da cena. Há uma rejeição àquela iluminação pensada e desenhada à parte do processo de criação e que só se realiza concretamente momentos antes da estreia.

Nessas experiências, a luz é entendida como um sistema aberto, que troca informações diretamente com as informações que provêm da cena. Deixa de ser uma luz criada para a cena, com tempo marcado, para colocar-se como algo que coevolui com a cena, afetando-a e deixando-se afetar por ela.

Na concomitância luz-cena, o tempo transforma-se num só presente, que nada mais é que o tempo da percepção. O que se vê é o que se vê, em tempo real, sem representação.

Nesses casos, luz e cena aparecem como sistemas que se intercomunicam e se interdependem, ou seja, não se ilustram, não se narram, não trocam diferentes discursos entre si. Antes se complementam e se constroem, num único discurso, por relação mútua, como se jamais pudessem existir de forma isolada.

A coevolução luz-cena vem revelar que o tempo da cena e o tempo da luz são um só. Caminham juntos no mesmo tempo da percepção. A luz não explica a cena, da mesma forma que a cena não explica a luz; são fenômenos indissociáveis, que ocorrem simultaneamente e se completam.

Em *Esperando Godot*, peça na qual aparentemente nada acontece, a passagem do tempo é invisível. Pode não haver nenhuma mutação de luz, nenhuma variação de intensidade e brilho. No entanto, o tempo está passando. Beckett não nos apresenta o tempo absoluto, mensurável por determinações cronométricas, mas o tempo como processo de duração, bergsoniano, sem começo nem fim preestabelecidos. A estagnação é apenas aparente. Na peça, o silêncio e a imobilidade sugerem suspensões daquele tempo convencionalmente cronometrado para que o pensamento e a vida mental possam fluir livremente.

A luz é hábil no acompanhamento dessas durações temporais, sobretudo quando ela se faz volumosa, intensa e incolor, adotando uma atitude de escuta, do ouvir para ver. A supressão da cor tende a reduzir o ilusionismo e reforçar a presença física da cena, permitindo que as coisas se deem a ver pela sua própria aparência, sem filtragem e manipulação externa. Por outro lado, traz uma neutralidade silenciosa, absolutamente sem ruídos, que amplia a experiência de ver.

A LUZ E O TEMPO DRAMÁTICO

No século xx, a iluminação foi imprimindo à cena um dinamismo e um jogo riquíssimo de mutações que jamais seriam possíveis como, por exemplo, no teatro praticado ao ar livre, sob luz natural. Diferentemente da luz solar, que não permitia controle, a luz artificial podia entrar e sair, selecionar, aproximar, distanciar, enfatizar, colorir, combinar, enfim, servir para os mais diferentes fins.

Ao controlar na cena o que deveria ser visto, a iluminação interferia não só no espaço, mas também no tempo. A luz poderia manipular o espaço, escolhendo áreas e ângulos, contrapondo níveis distintos de intensidade. Por sua vez, o tempo também podia ser manipulado, seguindo as convenções de ordem dramática. Ora a luz comunicava um momento isolado, ora dava a impressão de um *continuum*, mas sempre com a intenção precípua de representar o tempo.

Ao manipular a ideia de tempo para atender às intenções representativas, a luz cênica aproximou-se bastante da concepção de tempo da pintura, da literatura e do cinema.

O uso de recortes e de procedimentos isolados, com a finalidade de efeitos imitativos, expressivos e simbólicos, muitas vezes fez do palco apenas uma tela de fundo sobre a qual a luz vinha "pintar" paisagens externas, cenas de interiores ou criar ambientação. Com a utilização de filtros e gelatinas, a cena podia ser vista sob diversas cores, com transições controladas pela mesa de operação. Criaram-se no palco registros de luz aparentemente estáticos e bidimensionais, não raro com marcas visíveis de projeções no chão, nos cenários e no ar. Nas cenas mais estáticas e localizadas, a luz pôde explorar bastante as formas geométricas, a angulação, os contrastes de luz e sombra, e as variações cromáticas.

A luz artificial tornou-se, nos palcos, um equivalente do foco narrativo da literatura, atribuindo-se a ela a função de orientar o olhar do espectador e conduzir a ação no espaço e no tempo. Muitos dramaturgos, cientes dos poderes da luz, passaram a citá-la nas rubricas de suas peças, entendendo a luz como um meio capaz de auxiliar na estruturação e transição de cenas. Termos técnicos referentes às transições de efeito perspectivista, como *fade in*, *fade out* e *fade across* passaram a ser recomendados nas rubricas. Tennessee Williams, em À Margem da Vida (1945), menciona explicitamente os *fades* como embreantes de temporalidade.

A introdução da luz elétrica de forte intensidade e as mudanças profundas que causou na cenografia e na concepção de espetáculo são contemporâneas das primeiras experiências do cinema e suas estratégias narrativas. Não há como negar a influência que a iluminação cênica recebeu do cinema, apropriando-se de sua retórica, seus meios narrativos e suas técnicas de edição. A elipse, o contraste, a justaposição, o *close*, a visão panorâmica e o plano americano, comuns na linguagem cinematográfica, ganharam efeitos equivalentes no teatro, facilitados pelo emprego da luz. Consequentemente, alterou-se a estrutura narrativa do espetáculo e instituiu-se no discurso cênico, uma convenção própria de tempo, desenvolvida com recursos de luz.

As experiências cênicas com a luz, influenciadas por outras áreas artísticas, ao se repetirem e se difundirem pelos palcos, vieram fortalecer, até os nossos dias, o entendimento da luz cênica como instrumento a serviço da representação dramática e dos processos discursivos da encenação.

Decorre desse entendimento uma série de pesquisas, manuais e livros que falam abertamente em "pintar com a luz", "desenhar com a luz", "colorir com a luz", até a expressão "dramaturgia da luz", como se a luz fosse indiscutivelmente um meio, um instrumento usado para ilustrar, imitar, colorir,

LUZ E TEMPO

embelezar, acrescentar, cortar, inserir, enfim, interferir diretamente na cena, com fins explicitamente comunicativos.

Essa tendência instrumental da luz tem dominado a iluminação cênica. A maior parte da bibliografia existente sobre iluminação traz capítulos inteiros discutindo quais seriam as funções da luz no teatro, numa busca incansável de finalidades para as invenções técnicas que surgiram, sobretudo, a partir da eletricidade. Nas entrelinhas dessas leituras, porém, percebe-se o quanto a luz cênica não tem conseguido se desvencilhar da influência pictórica e dos discursos narrativos, à medida que se apresenta como uma luz-desenho, uma luz-pintura ou uma luz-narrativa, sempre baseada na ideia de representação do tempo e não na apresentação do tempo por si mesmo.

A iluminação artificial, nos teatros fechados, desde cedo se preocupou com questões relacionadas ao tempo e à sua representação.

Mesmo na época em que os espetáculos eram encenados à luz de velas, do século XVI ao XVIII, não faltaram tentativas de se controlar a entrada e a saída da luz, provavelmente com o intuito de se estabelecer marcas temporais de início, transição e término da cena. No século XVII, usava-se latas suspensas no palco, que desciam por meio de cordas quando havia necessidade de se extinguir a luz[4].

O uso de vidros com líquido colorido diante das fontes, com o objetivo de buscar variações cromáticas e interferir na intensidade da luz, bem como as constantes mudanças na localização das velas e candelabros, conforme há relatos na história da iluminação cênica, demonstram a preocupação em utilizar a luz como possibilidade de variação e transformação da cena, atuando, por conseguinte, na dimensão temporal.

As tentativas de se controlar a intensidade da luz produzida por combustão, recorrendo à cor e redistribuição das fontes nos diferentes pontos do palco revelam indícios de que o teatro à luz de velas não estava preocupado apenas com a questão da visibilidade. Havia necessidade de descobrir uma forma de mostrar e de esconder, de pôr e tirar, acompanhando as

---

4   W. Parker et al., *Scene Design and Stage Lighting*, p. 410.

mudanças da cena. Ou seja, era preciso que a luz revelasse não só o espaço, mas também o tempo.

Desde 1840, com a iluminação a gás e, mais tarde, com a luz elétrica, o uso de um sistema centralizado que permitia controlar as entradas e saídas da luz foi decisivo para a representação do tempo.

Para representar as mudanças temporais, sobretudo por meio de transições suaves, era preciso desenvolver recursos que pudessem controlar o fator de intensidade da luz.

A solução definitiva para o controle de intensidade viria com a introdução do *dimmer*, já na era da iluminação elétrica, como um dispositivo por meio do qual se podia aumentar ou diminuir a intensidade dos fluxos luminosos. O *dimmer* surgia como uma ferramenta essencial para demonstrar as transições temporais da cena.

A partir desse dispositivo, a luz podia ser controlada numa escala que ia do mais baixo ao mais alto grau de intensidade. Assim, o tempo dramático da cena deixava de ser apresentado por meio de mudanças bruscas e saltos de um ponto ao outro. As transições agora podiam ser suaves, conduzindo o olhar do espectador nas diferentes inscrições dramáticas do tempo.

O *dimmer* possibilitou a perspectiva temporal, fazendo com que a luz transitasse entre o agora, o antes e o depois, extinguindo lentamente um tempo e já acrescentando um outro. No entanto, jamais deixou de ser um recurso artificial e controlável de fora, criado com a intenção de representar o fluxo evolutivo do tempo dramático. Mas não o fluxo real do tempo.

No século XX, o *dimmer* tornou-se o pincel do *lighting designer*[5]. Tecnicamente, consiste numa redução da corrente elétrica enviada para a lâmpada, o que resulta numa diminuição da incandescência do filamento e consequente diminuição do brilho da luz. Um recurso, sem dúvida, indispensável para fins de representação das mudanças do tempo dramático.

Não só o *dimmer*, porém, vinha contribuir para controlar o fluxo do tempo. Outros aspectos da iluminação artificial também entrariam como variáveis interferentes na questão da intensidade da luz[6] e, consequentemente, na representação do tempo:

---

5 Idem, p. 409.
6 L. Essig, *Lighting and the Design Idea*, p. 35.

LUZ E TEMPO

1. A potência das lâmpadas (500, 1.000 ou 2.000 w) como fator de interferência em intensidade e brilho, dependendo sobretudo da maneira como o fluxo radiante ou quantidade de energia transportada pelas radiações se distribui em todas as direções.

2. Os tipos de refletores com suas diferenças de amplitude e brilho. Os refletores de lente Fresnel, para efeitos difusos, contrastam com os elipsoidais, adequados para focos de forte intensidade. Os fresnéis difusos sugerem duração e continuidade, enquanto os elipsoidais, com seus recortes e focos orientados, favorecem a descontinuidade e as elipses temporais.

3. A distância entre a fonte emissora e o objeto: considerando que a luz perde 75% de intensidade cada vez que dobra a distância entre a fonte emissora e o ponto de incidência (lei do inverso do quadrado da distância). Quanto mais os objetos se distanciam da fonte, maior será a perda de intensidade e brilho.

4. O uso de filtros de correção: ao se reduzir a quantidade de energia radiante, mediante filtros especiais, alteram-se as condições de intensidade e brilho da luz, permitindo, por exemplo, incursões na perspectiva temporal.

5. Por fim, a condição relativa do brilho dependendo da perspectiva do olhar também constituiria variável capaz de interferir na apresentação do tempo.

Para representar as passagens do tempo, o teatro parece ter encontrado na luz o seu principal recurso. Nada melhor que uma mudança de intensidade e brilho da luz para fazer a transição de uma cena noturna, sob efeito prateado do luar, para uma luz forte e brilhante da manhã de sol.

A relação luz-tempo é significativa na obra de Bob Wilson. Em seu teatro, luz, tela, projeções e elementos cenográficos criam uma visão panorâmica, absolutamente difusa, sem recortes seletivos.

Em *Einstein on the Beach*, a bidimensionalidade e a tridimensionalidade se conjugam ou se confundem, produzindo um resultado visual no qual convivem volumes, projeções e silhuetas em movimento. A tela de fundo é dividida em vários boxes onde se veem apenas as silhuetas dos saxofonistas; essas imagens móveis combinam-se com as silhuetas dos atores que estão no primeiro plano. Em outra cena, cada grupo de atores forma um território isolado, um voltado para a esquerda, outro para a frente ou para o fundo do palco, sem recortes de luz muito acentuados. Longe de estabelecer uma continuidade no conjunto das unidades visuais, a luz colabora para unir e ao mesmo tempo separar.

Os contrastes de conjunto se dão entre os diferentes planos visuais: o que está em primeiro plano, quase sempre representado por atores, por objetos e construções cenográficas *versus* o que aparece no fundo, por meio de imagens, numa combinação de superfícies planas com janelas e portas construídas.

Em *Peer Gynt*, sob a direção de Bob Wilson, os quadros se destacam pela forte pregnância de forma, equilíbrio e harmonia. Persiste a combinação de superfícies planas, por meio de telões e projeções, com volumes e elementos construídos (escada de corda, lustres pendurados no alto com as velas acesas) e efeitos de perspectiva (há um homem, seguido de uma esfinge e uma série de pirâmides que se vão distanciando ao fundo).

O teatro de Bob Wilson assume deliberadamente a contribuição das artes plásticas e instaura um diálogo entre o pictorial e o teatral, sem sonhar com uma síntese. As duas linguagens se justapõem e declaram sua identidade dentro de um único jogo. A luz torna-se o principal recurso de Wilson para a composição visual; por intermédio de contrastes dominantes e secundários, ele cria uma estrutura visual hierárquica[7].

Por outro lado, a ideia de tempo se materializa e se faz ver por meio da longa duração de seus trabalhos. O espetáculo *Vida e Época...*, apresentado em São Paulo, em 1974, durava doze horas, com cenas aparentemente estagnadas, com um tempo dramático intencionalmente menor que o tempo cênico. As coisas paravam de acontecer, mas continuavam acontecendo.

No teatro de Wilson, o espectador pode experienciar a lenta passagem do tempo, a experiência imanente da extensão temporal, num processo em que a duração não serve para ilustrar a duração[8]. Ao contrário, ela se manifesta em tempo real, acionando mecanismos mentais, indo além da percepção que compete aos cones e bastonetes. O espectador vivencia uma experiência que transcende os olhos e parece acompanhar

---

7 Cf. A. Holmberg, *The Theatre of Robert Wilson*, p. 121.
8 Cf. H.-T. Lehmann, *Teatro Pós-dramático*, p. 307.

os fotorreceptores, transformando energia luminosa em sinais neurais, no percurso da informação até chegar ao hipotálamo.

Nas doze horas de *Vida e Época...*, o ponto e a totalidade constituíam um desafio à capacidade da mente e do olhar. Quando me dava conta, percebia que estava olhando demoradamente para um mesmo ponto. Sabe-se, porém, que os olhos nunca param de se mover, mesmo quando fixados num ponto. Há os movimentos microssacádicos que não cessam, como se a mente estivesse atenta a tudo, independentemente das escolhas do olhar[9].

O teatro de Bob Wilson possibilita essa experiência singular com o tempo, envolvendo luz, olhos e mente.

No Brasil, dentre muitas experiências teatrais envolvendo a questão das relações entre luz e tempo dramático, destaca-se o trabalho dos atores do Centro de Pesquisa Teatral – CPT, do Sesc de São Paulo, sob coordenação do diretor Antunes Filho. A coincidência entre tempo dramático e tempo real perpassa a série de experiências do *Prêt-à-Porter*, com suas histórias curtas visando a desenvolver principalmente o trabalho de interpretação dos atores.

Nas cenas do *Prét-à-Porter*, não há iluminação cênica. A luz ambiente da sala põe-se como um iluminante neutro cuja temporalidade presencia a temporalidade real da cena. O que se vê é o que se vê, sem artifícios de luz. É uma experiência ótima para ilustrar a relação luz-tempo, longe das estratégias do ilusionismo. Há luz, evidentemente, mas não iluminação cênica. O tempo da cena e tempo da luz coincidem com o tempo do espectador, ou seja, há um único tempo presente, sem representação temporal, sem ilustrações.

Na dança contemporânea, a relação temporal entre luz e corpo também tem se pautado frequentemente pela concomitância. No espetáculo *Skinnerbox*, do Grupo Cena 11, dirigido por Alejandro Ahmed, não há cor e focos preestabelecidos. A luz é branca, difusa e intensa, propondo acordos presenciais com os estados do corpo. A ausência de estratégias discursivas na luz e a constância dos seus fluxos intensos permite ao espectador sentir a presença do tempo manifestando-se silenciosamente.

---

9   S. M. Conde; S. L. Macknik, Janelas da Mente, *Scientific American*, n. 64, p. 42.

162   FUNÇÃO ESTÉTICA DA LUZ

Em *D'un soir un jour*, apresentado em Paris, em 2006, Jan Joris Lamers, iluminador da Compagnie Rosas, da coreógrafa belga Anne Teresa De Keersmaeker, utilizou somente lâmpadas fluorescentes tubulares, dessas econômicas utilizadas em ambientes comerciais, escolas, hospitais etc. Dos urdimentos do palco, descia uma grade de lâmpadas fluorescentes formando carreiras de traços brilhantes, produzindo um claridade difusa, que anunciava a entrada do fauno na coreografia de *Prélude à l'Après-midi d'un Faune* (Prelúdio à Tarde de um Fauno) (fragmento da coreografia original de Vaslav Nijinski). A sensação de uma luz típica de ambientes de serviço criava um estranhamento para aqueles que esperavam efeitos ilusionistas, trazendo a narrativa ao presente daquele momento, naquele teatro, naquela hora. Mais uma rejeição ao cromatismo e à luz ilustrativa, em favor da apresentação da luz, em sua concomitância com o tempo real.

Em 2011, na apresentação de *Empty Moves I & II*, do coreógrafo Angelin Preljocaj, no festival Paris Quartier d'Été, uma luz difusa banhava o palco, onde os quatro bailarinos buscavam variar as articulações da frase coreográfica a partir de sons e vozes de John Cage. Sem nenhum recorte, a luz apenas presenciava a relação corpo-palavra, sem orientar a busca visual do espectador.

A iluminação cênica ainda não definiu, se vai representar o tempo, ou, se vai deixar que ele se dê a conhecer por si mesmo. As duas possibilidades que o tempo teatral enseja têm sido mostradas no palco contemporâneo.

Na montagem de *Novas Diretrizes em Tempo de Paz* (São Paulo, 2003), de Bosco Brasil, a iluminação de Gianni Rato (1916-2005) segue silenciosa e uniforme, perscrutando os diálogos e pautando-se pela presença da cena. No final, porém, há um efeito de forte intenção representativa: a porta se abre, deixando entrar uma intensa luz de fora, que se projeta no chão formando um corredor que atravessa o palco. É o único momento em que a luz se sobrepõe explicitamente, mas ainda integrada no espaço-tempo da cena.

Em *Os Sertões*, de Euclides da Cunha (1866-1909), adaptado ao teatro por José Celso Martinez Corrêa, não havia fronteiras entre luz e cena. Ambas se entendiam como uma coisa só, sem sobreposições. A luz estava na cena, ou melhor, a luz

LUZ E TEMPO

era a cena, sem a preocupação de ilustrá-la. A presença da luz nos trabalhos de José Celso é característica a partir da fase anterior do Teatro Oficina, pelo menos desde *O Rei da Vela* (1967), *Gracias, Señor* (1972) e *As Três Irmãs* (1972).

Nos espetáculos de Gerald Thomas, a luz também dialoga com a cena tornando-se presente. Seu trabalho com a Companhia Ópera Seca traz à discussão a importância da luz no teatro, projetada de diversos ângulos e com uma função primordial sobre a cena. Até então, a lição de Alwin Nikolais, um mestre na arte da luz, tivera repercussão apenas na dança, sem chegar ao teatro, pelo menos no Brasil. Na década de 1980, os espetáculos de dança já adotavam, de modo institucionalizado, a luz lateral, como essencial para acompanhamento dos movimentos – uma prática que a dança passou a empregar, pelo menos desde as experiências de Jean Rosenthal. Naquela década, porém, o teatro brasileiro poucas vezes recorria à luz lateral, dando mais importância à luz frontal e à contraluz. A iluminação de Gerald Thomas retirou a frontalidade como fator essencial, ao priorizar a luz projetada de dentro do palco e os focos laterais, realçando os efeitos com uso de fumaça. Em *Eletra Com Creta* e na *Trilogia Kafka*, a luz é eloquente: fala, grita e pensa.

Em cena, as interações entre luz e matéria são presenciais. A luz afeta a matéria que afeta a luz, em tempo real.

O que se vê num palco são corpos, objetos, matérias, que constituem o cenário, os figurinos, as máscaras e os atores. Os corpos, por sua vez, quando a uma temperatura absoluta, acima de zero grau, podem ser considerados como fontes de radiação[10]. Essas radiações não podem ser negligenciadas.

---

10 E. M. L. de M. Novo, *Sensoriamento Remoto*, p. 8.

Luz,
Assim Como "Câmera, Ação!"

Numa de minhas peças – acho que em M.O.R.T.E. (Movimentos Obsessivos e Redundantes pra Tanta Estética, 1990), a luz da plateia vai a zero e a minha voz amplificada parafraseava o *Gênesis* e dizia algo assim: "Faça-se luz". O Iluminador subiu a escada, entrou na cabine e acendeu um refletor. Num impulso inconsequente, porém instintivo, ele seguiu algum outro comando e acendeu um outro refletor. A partir daí, um verdadeiro inferno se criou no paraíso, digo, palco...

Bem, certamente luz em teatro, assim como no vernáculo cotidiano, é um elemento fácil de citação: não notamos a luz do sol a cada momento. Às vezes, passamos temporadas inteiras observando o sol como elemento óbvio que existe ali somente para os praianos se bronzearem.

Mas a luz artificial, essa criada por temperaturas e elementos como sódio ou halogênio (e outros), cria a cena. Às vezes, sendo mais importante que o cenário, a luz delineia pequenos objetos, grandes objetos, entra como se fosse um *zoom* no detalhe do figurino de alguma personagem.

Sim, é isso. A luz teatral nesses últimos trinta anos, funciona como a lente de uma câmera cinematográfica. Ela é o nosso olho e dirige a atenção do público para onde quer que seja. Mas não é tão simples chegar lá. Exemplos? Para se "banhar" o palco com uma "bateria" de lâmpadas PAR funcionando como "contraluz", é preciso uma intervenção de várias escalas de refletores elipsoidais vinda das laterais para cortar o efeito de excesso de brilho no chão do palco. Mas não é uma formula garantida.

O palco inspira mágica. Chega a ser estranho que Shakespeare, em *A Tempestade*, envolva sua personagem central (Próspero) em todos os tipos de mágicas – que incluem um anjo voador, uma bruxa que tem extrapoderes – e coloca sua peça ao ar livre, numa ilha. O ar livre geralmente não é mágico. Esse espetáculo coloca inúmeros problemas para o encenador.

Afinal, quais instrumentos temos, além de um conceito, um ótimo elenco, um texto etc.?

E o que esperamos, quando, finalmente, a cortina se abre no dia da estreia? Quais são as nossas expectativas? Que tipo de poção mágica queremos ou precisamos jogar na plateia pra que ela...

No capítulo "Luz e Espaço", Roberto Gill Camargo fala sobre as possibilidades de movimentação do corpo no espaço e como a luz, com seus recursos, pode acompanhar essas incursões. Analisa as linhas de força no palco italiano, a partir das considerações de Doris Humphrey e as possibilidades dimensionais do corpo, com base nas considerações de Rudolph Laban.

A luz em si, sozinha, é um elemento de primeira necessidade nos palcos modernos. Na verdade, posso afirmar, por experiência própria (mas também posso citar inúmeros ícones conhecidos e desconhecidos do público), que já usei mais de dez minutos ou mais de uma peça sem colocar um único corpo humano em cena, usando somente luz e um pouco de fumaça para dar-lhe forma e presença mais robustas. Eram três, dez ou até mais refletores fazendo uma espécie de dança, uma espécie de coreografia/manifesto da autoafirmação. A luz seria parte da *Gesamtkunstwerk* de Wagner, se o genial compositor vivesse nos tempos de hoje. Aliás, o teatro de sombras e silhuetas de Bali e outros lugares da Ásia, era de conhecimento de Wagner e integra seu repertório em vários momentos (como o funeral de Siegfried ou em *Lohengrin*)...

Não deixa de ser um paradoxo que, quando queremos usar uma luz "natural" ou impressionista, acabamos apelando para toda a sorte de filtros e difusores e para o HMI (o pai de todos os refletores), que não vem a ser nada mais do que *Daylight*, ou seja, o mais próximo que se criou para replicar a luz do dia, do sol, nos palcos escuros.

Afinal, tentamos criar e tentamos recriar e tentamos imitar a natureza ou os absurdos dela. Na paleta de Beckett, tudo o que existe são os "tons de cinza". Esses tons também são meros efeitos de luz, ou semiluz ou "quase luz" (a melhor definição de Beckett). De fato, uma das coisas mais difíceis da minha carreira teatral foi iluminar Julian Beck em seu último trabalho. Coloquei Beck num monólogo de Beckett chamado *That Time*: só uma face iluminada na mais assustadora escuridão, como o universo.

O que fazemos com luz é isso: fazemos com que o urdimento pareça um céu estrelado, enquanto nos testamos, meras partículas de poeira nessa imensidão. Poeira essa que somente toma forma quando um refletor bate nela e faz com que ela ganhe vida e nos emocione.

Gerald Thomas

Nova York, novembro de 2011

Bibliografia

ADCOCK, Craig. *James Turrell: The Art of Light and Space*. Berkeley: University of California Press, 1990.

AKSENOV, I. O Construtivismo Espacial na Cena. In: REDONDO JÚNIOR, José Rodrigues (org.). *O Teatro e a Sua Estética*. Lisboa: Arcádia, [[s.d.].]. V. II.

ALBRIGHT, Ann Cooper. *Traces of Light: Absence and Presence in the Work of Loïe Fuller*. Middletown, CT: Wesleyan University, 2007.

ANDREW, J. Dudley. *As Principais Teorias do Cinema*. Rio de Janeiro: Jorge Zahar, 2002.

APPIA, Adolphe. *Oeuvres complètes*. Lausanne: L'Âge d'homme, 1991.

_____. *A Obra de Arte Viva*. Tradução e notas de José Rodrigues Redondo Júnior. Lisboa: Arcádia, [[s.d.].].

_____. La Mise en scène du drame wagnérien. *Oeuvres complètes I*. Lausanne: Societé du théâtre/L'Âge d'homme, 1986.

_____. Light and Space. In: COLE, Toby; KRISH, Helen C. (orgs.). *Directors and Directing: A Source Book of the Modern Theatre*. Indianapolis: Bobbs Merril, 1963.

ARNHEIM, Rudoph. *Arte e Percepção Visual: Uma Psicologia da Visão Criadora*. 12. ed. São Paulo: Pioneira, 1998.

ARTAUD, Antonin. *O Teatro e o Seu Duplo*. São Paulo: Max Limonad, 1984.

AUMONT, Jacques. *O Olho Interminável* [Cinema e Pintura]. São Paulo: Cosac Naify, 2007.

_____. *A Imagem*. 2. ed. Campinas: Papirus,1995.

BABLET, Denis. *Svoboda*. Lausanne: L'Âge d'homme, 1970.

_____. A Luz no Teatro. In: REDONDO JÚNIOR, José Rodrigues (org.). *O Teatro e a Sua Estética*. Lisboa: Arcádia, [s.d.]. V. II.

_____. A Encenação e a Cenografia Expressionistas. In: REDONDO JÚNIOR, José Rodrigues (org.). *O Teatro e a Sua Estética*. Lisboa: Arcádia, [s.d.]. V. I.

170 FUNÇÃO ESTÉTICA DA LUZ

BABLET, Denis; BABLET, Marie-Louise. *Adolphe Appia– 1862-1928: Actor Space Light*. Designed by Denis Bablet e Marie-Louise Bablet. Pro Helvetia; John Calder (publishers). London/New York: Riverrun, 1982.

BACHELARD, Gaston. *A Intuição do Instante*. Campinas: Verus, 2007.

BAMZ, J. *Arte y Ciencia del Color*. 2. ed. Barcelona: LEDA, [s.d.].

BARTHES, Roland. *Elementos de Semiologia*. São Paulo: Cultrix, 1977.

BATCHELOR, David. *Minimalismo*. São Paulo: Cosac Naify, 1999.

BECKET, Wendy. *História da Pintura*. São Paulo: Ática, 1997.

BENYUS, Janine M. *Biomimética: Inovação Inspirada Pela Natureza*. São Paulo: Cultrix, 2003.

BERTHOLD, Margot. *História Mundial do Teatro*. São Paulo: Perspectiva, 2000.

BLANCHARD, Paul. *Historia de la Dirección Teatral*. Buenos Ayres: Compañia General Fabril, 1960.

BOGÉA, Inês (org.). *Oito ou Nove Ensaios Sobre o Grupo Corpo*. São Paulo: Cosac Naify, 2001.

BORNHEIM, Gerd. *Brecht: A Estética do Teatro*. São Paulo: Graal, 1992.

BOURCIER, Paul. *História da Dança no Ocidente*. São Paulo: Martins Fontes, 1987.

BOUCHEZ, Benoit. *Éclairage de scène automatisé et commande DMX*. Apeldorn: Publitronic Elektor, 2002.

BROCKETT, Oscar G. *History of the Theatre*. 6. ed. Boston: Allyn and Bacon, 1991.

CABANNE, Pierre. *Degas: Danseuses*. Lausanne: Editions Librex, 1960.

CHING, Francis D.K. *Dicionário Visual de Arquitetura*. São Paulo: Martins Fontes, 1999.

COGNIAT, Raymond. O Problema dos Estilos na Cenografia do Século XX. In: REDONDO JÚNIOR, José Rodrigues (org.). *O Teatro e a Sua Estética*. Lisboa: Arcádia, [s.d.]. V. II.

CORRODI, Michelle; SPECHTENHAUSER, Klaus. *Illuminating*. Berlin: Birkhäuser, 2008.

CORRY, P. *Lighting the Stage*. London: Sir Isaac Pitman & Sons, 1954.

CRAIG, Edward Gordon. *Da Arte do Teatro*. Lisboa: Arcádia, 1963.

CUNNINGHAM, Glen. *Stage Lighting Revealed*. Long Grove: Waveland, 2002.

DEBRAY, Régis. *Vida e Morte da Imagem: Uma História do Olhar no Ocidente*. Petrópolis: Vozes, 1994.

DELEUZE, Gilles. *A Imagem-Tempo*. São Paulo: Brasiliense, 1990.

DESCOTTES, Hervé; RAMOS, Cecilia. *Architectural Lighting: Designing with Light and Space*. New York: Princeton Architectural Press, 2011.

DHOMME, Sylvain. A Alemanha, os Símbolos e as Sínteses. In: REDONDO JÚNIOR, José Rodrigues (org.). *O Teatro e a Sua Estética*. Lisboa: Arcádia, [s.d.]. V. II.

DIETERICH, Genoveva. *Pequeño Diccionario del Teatro Mundial*. Madrid: Istmo, 1974.

ECO, Umberto. *Tratado Geral de Semiótica*. São Paulo: Perspectiva, 1980.

_____. *As Formas do Conteúdo*. São Paulo: Perspectiva, 1974.

_____. *A Estrutura Ausente*. São Paulo: Perspectiva, 1971.

ESSIG, Linda. *Lighting and the Design Idea*. Boston: Thomson/Wadsworth, 2005.

_____. *The Speed of Light*. Portsmouth: Heinemann, 2002.

EYNAT-CONFINO, Irène. *Beyond the Mask: Gordon Craig, Movement and the Actor*. Carbondale: Southern Illinois University, 1987.

FAHLBUSCH, Hannelore. *Dança Moderna e Contemporânea*. Rio de Janeiro: Sprint, 1990.

BIBLIOGRAFIA 171

FAVROD, Charles-Henri (org.), *O Teatro*. Lisboa: Dom Quixote, 1977.

FERNANDES, Sílvia. *Memória e Invenção: Gerald Thomas em Cena*. São Paulo: Perspectiva, 1996.

FERRARA, Lucrecia D'Alessio (org.). *Espaços Comunicantes*. São Paulo: Annablume, 2007.

FO, Dario. *Manual Mínimo do Ator*. São Paulo: Senac, 1998.

FORJAZ, Cibele. *À Luz da Linguagem – A Iluminação Cênica: De Instrumento da Visibilidade à "Scriptura do Visível"*. São Paulo: Escola de Comunicação e Artes da USP, 2008. Dissertação de mestrado.

FRASER, Neil. *Stage Lighting Design: A Practical Guide*. Ramsbury: Crowood, 2007.

GALIZIA, Luiz Roberto. *Os Processos Criativos de Robert Wilson*. São Paulo: Perspectiva, 1986.

GARAUDY, Roger. *Dançar a Vida*. 4. ed. Rio de Janeiro: Nova Fronteira, 1980.

GARCIA, Clóvis. *A Evolução do Espaço Cênico Ocidental*. In: Catálogo da Exposição *Cenografia um Novo Olhar*. São Paulo: Sesc-Pompeia, 1995.

GARNIER, Charles. *Le Théâtre*. Paris: Actes Sud, 1990.

GIANNOTTI, Marco. Reflexões Sobre o Corpo e o Espaço. In: BOGÉA, Inês (org.). *Oito ou Nove Ensaios sobre o Grupo Corpo*. São Paulo: Cosac Naify, 2001.

GILLETTE, J. Michel. *Designing with Light: An Introduction to Stage Lighting*. 4. ed. Boston: McGraw-Hill, 2003.

GIRARD, Gilles et al. *O Universo do Teatro*. Coimbra: Almedina, 1980.

GOMES FILHO, João. *Gestalt do Objeto: Sistema de Leitura Visual da Forma*. São Paulo: Escrituras, 2006.

GREINER, Christine. *O Corpo*. São Paulo: Annablume, 2005.

GROSS, Michael. *Light and Life*. New York: Oxford University Press, 2002.

GROTOWSKI, Jerzy. *Para um Teatro Pobre*. Lisboa: Forja, 1975.

GUINSBURG, J. *Stanislávski, Meierhold & Cia*. São Paulo: Perspectiva, 2001.

GUINSBURG, J.; NETTO, J. Teixeira Coelho; CARDOSO, Reni Chaves (orgs.). *Semiologia do Teatro*. São Paulo: Perspectiva, 1978.

HAMPER, Stan. *Lighting Devices and Accessories: 17th-19th Centuries*. Collector Books: 2002.

HARTNOLL, Phyllis. *The Concise Oxford Companion to the Theatre*. Oxford University Press, [s.d.].

HAYS, David. *Light on the Subject*. New York: Limelight, 1998.

HEARTNEY, Eleanor. *Pós-Modernismo*. São Paulo: Cosac Naify, 2002.

HIRST, David L. *Directors in Perspective: Giorgio Strehler*. Cambridge: University Press, 1993.

HOLMBERG, Arthur. *The Theatre of Robert Wilson*. Cambridge: University Press, 1998.

HUMPHREY, Doris. *The Art of Making Dances*. New York: Grove, 1959.

HUTCHINSON, Ann. *Labanotation: The System for Recording Movement*. London: Phoenix House, 2005.

INNES, Christopher. *Avant-garde Theatre: 1892-1992*. New York: Routledge, 2001.

JANSEN, Gregor; WEIBEL, Peter. *Light Art from Artificial Light: Light as a Medium in 20 and 21 Century Art*. Ostfildern: Hatje Cantz, 2006.

JONES, Robert Edmond. *The Dramatic Imagination*. New York: Routledge, 2004.

KANDINSKY, Wassily. *Ponto e Linha Sobre o Plano*. São Paulo: Martins Fontes, 1997.

172 FUNÇÃO ESTÉTICA DA LUZ

KATZ, Helena. *Um, Dois, Três. A Dança é o Pensamento do Corpo*. Belo Horizonte: FID, 2005.

KAUFMAN, John E. (ed.). *Lighting Handbook*. New York: IES, 1972.

KELLER, Max. *Light Fantastic: The Art and Design of Stage Lighting*. 3. ed. New York: Prestel, 2010.

LABAN, Rudolf. *Choreutics*. London: MacDonald and Evans, 1966.

LARG, Alex; WOOD, Jane. *New Glamour: A Guide to Professional Lighting Techniques*. London: Rotovision, 1997.

LEHMANN, Hans-Thies. *Teatro Pós-Dramático*. São Paulo: Cosac Naify, 2007.

LINVAL, Edmond. *Premiers pas en danse moderne*. Paris: Fleurus, 1988. (Col. Premiers pas en.)

LUCKIESH, Matthew. *Artificial Light*. New York: BiblioBazaar, 2007.

MCCANDLESS, Stanley. *A Method of Lighting the Stage*. New York: Theatre Arts Books, 1984.

MEYER, Philippe. *O Olho e o Cérebro*. São Paulo: Unesp, 2002.

MILLET, Marietta S. *Lighting Revealing Architecture*. New York: Van Nostrand Reinhold, 1996.

MORAN, Nick. *Performance Lighting Design*. London: A&C Black, 2007.

METZ, Christian et. al. *A Análise das Imagens*. Petrópolis: Vozes, 1973.

MOLES, Abraham. *Teoria da Informação e Percepção Estética*. Rio de Janeiro: Tempo Brasileiro, 1969.

MUNARI, Bruno. *Design e Comunicação Visual*. Trad. Daniel Santana. São Paulo: Martins Fontes, 1997.

NESTROVSKI, Arthur. Faca das Palmas. In: BOGÉA, Inês (org.). *Oito ou Nove Ensaios Sobre o Grupo Corpo*. São Paulo: Cosac Naify, 2001.

NOVO, Evelyn Márcia Leitão de Moraes. *Sensoriamento Remoto: Princípios e Aplicações*. 4. ed. São Paulo: Blücher, 2010.

OSBORNE, Roy. *Color Influencing Form*. London/Boca Raton: Thylesius/Universal,2008.

OSTROWER, Fayga. *Acasos e Criação Artística*. 2. ed. Rio de Janeiro: Campos,1995.

_____. *Criatividade e Processos de Criação*. Petrópolis: Vozes, 1978.

PALMER, Richard H. *The Lighting Art*. New Jersey: Prentice Hall, 1998.

PARKER, W. Oren; WOLF, R. Craig; BLOCK, Dick. *Scene Design and Stage Lighting*. Belmont: Wadsworth/Thomson Learning, 2003.

PAVIS, Patrice. *Voix et images de la scène: Essais de semiologie théâtrale*. Lille: Presses Universitaires de Lille, 1982.

_____. *Dicionário de Teatro*. São Paulo: Perspectiva, 1999.

PEREIRA, Paulo Antônio. *Imagens do Movimento*. Petrópolis: Vozes, 1981.

PERROT, Françoise; GRANBOULAN, Anne. *Vitrail: Art de lumière*. Paris: Rempart, 2006.

PILBROW, Richard. *Stage Lighting Design: The Art, the Craft, the Life*. 2. ed. New York: Design, 2002.

PLUMMER, Henry. *The Architecture of Natural Light*. New York/London: Monacelli/Thames & Hudson, 2009.

RATTO, Gianni. *Antitratado de Cenografia*. São Paulo: Senac, 2001.

REDONDO JÚNIOR, José Rodrigues. *Panorama do Teatro Moderno*. Lisboa: Arcádia, 1961.

_____ (org.). *O Teatro e a Sua Estética*. Lisboa: Arcádia, [s.d.]. 2 v.

REID, Francis. *The Stage Lighting Handbook*. New York: Theatre Arts Books, 1976.

BIBLIOGRAFIA 173

RENGEL, Lenira. *Dicionário Laban*. São Paulo: Annablume, 2003.

RENNER, Rolf Günther. *Edward Hopper – 1882-1967: Transformações do Real*. Colônia: Taschen, 1992.

RINALDI, Maurício. *Diseño de Iluminación Teatral*. Buenos Aires: Edicial, 1998.

ROSENFELD, Anatol. *História da Literatura e do Teatro Alemães*. São Paulo/Campinas: Perspectiva/Editora da Unicamp, 1993.

ROSENTHAL, Jean; WERTENBAKER, Lael. *The Magic of Light*. New York: Theatre Arts, 1972.

ROUBINE, Jean-Jacques. *A Linguagem da Encenação Teatral*. Rio de Janeiro: Zahar, 1982.

RUSSELL, Sage. *The Architecture of Light*. La Jolla: Conceptnine, 2008.

RYBCZYNSKI, Witold. *Casa: Pequena História de uma Ideia*. Trad. Betina Von Staa. Rio de Janeiro: Record, 1986.

SARAIVA, Hamilton Figueiredo. *Iluminação Teatral: A Evolução Técnica das Fontes Emissoras de Luz Usadas no Teatro de 1840 a 1995*. São Paulo: Art & Tec, [s.d.].

_____. *Eletricidade Básica Para Teatro*. Brasília: MEC/SNT, 1977.

SHELLEY, Steven Louis. *A Practical Guide to Stage Lighting*. Woburn: Focal, 1999.

SHLAIN, Leonard. *Art and Physics: Parallel Visions in Space, Time and Light*. New York: Morrow, 1993.

SIMANDLE, Marilyn; LEHRMAN, Lewis Barret. *Capturing Light in Watercolor*. Cincinnati: North Light Book, 1997.

SONREL, Pierre. As Festas Medievais. In: REDONDO JÚNIOR, José Rodrigues (org.). *O Teatro e a Sua Estética*. Lisboa: Arcádia, [s.d.]. V. II.

SOURIAU, Etienne. O Cubo e a Esfera. In: REDONDO JÚNIOR, José Rodrigues (org.). *O Teatro e Sua Estética*. Lisboa: Arcádia, [s.d.]. V. II.

SPANGHERO, Maira. *A Dança dos Encéfalos Acesos*. São Paulo: Itaú Cultural, 2003.

SUMMERSON, John. *A Linguagem Clássica da Arquitetura*. São Paulo: Martins Fontes, 1994.

SVOBODA, Josef. Uma Experiência Checoslovaca. In: REDONDO JÚNIOR, José Rodrigues. *O Teatro e a Sua Estética*. Lisboa: Arcádia, [s.d.]. V. II.

SWIFT, Charles. *Introduction to Stage Lighting*. Colorado, CO: Meriwether, 2004.

TANIZAKI, Junichiró. *El Elogio de la Sombra*. Madrid: Siruela, 1994.

THOMPSON, John N. *The Coevolutionary Process*. Chicago: The University of Chicago, 1994.

TOLMACHEVA, Galina. *Creadores del Teatro Moderno: Los Grandes Directores de los Siglos XIX y XX*. Buenos Aires: Centurión, 1946.

TORMAN, Jamile. *Caderno de Iluminação: Arte e Ciência*. Rio de Janeiro: Música e Tecnologia, 2006.

UBERSFELD, Anne. *Para Ler o Teatro*. São Paulo: Perspectiva, 2005.

VALENTIN, François-Éric. *Lumière pour le spetacle*. Paris: Librairie Théâtrale, 1994.

VARLEY, Helen (dir. ed.). *Color*. Barcelona: Blume,1982.

VITRUVIO POLION, Marco Lucio. *Los Diez Libros de Arquitectura*. Madrid: Alianza, 1995.

WILLET, John. *O Teatro de Brecht*. Rio de Janeiro: Zahar, 1967.

WUNDRAN, Manfred; PAPE, Thomas. *Palladio: Um Arquiteto Entre o Renascimento e o Barroco*. Colônia: Taschen, 1994.

ZOLA, Émile. Os Retreatralizadores. In: REDONDO JÚNIOR, José Rodrigues (org.). *Panorama do Teatro Moderno*. Lisboa: Arcádia, 1961.

ARTIGOS

ARNOTT, Brian. A Scenography of Light. In: *The Drama Review: Visual Performance Issue*, Baltimore, v. 17, ed. 2 (T-58). 1973.

ARREGUI, Juan P. Luminotecnia Teatral en la Primera Mitad del Siglo XIX: De la Herencia Barroca a la Introducción del Gás. *Stichomythia*, n. 3, 2005.

ASLAN, Odette. Un Chemin de connaissance. In: _____ (org.). *Strehler*. Paris: CNRS, 1989. (Les Voies de la création théâtrale, v. 16.)

_____; MONORY, Monique. "Victor Garcia: Etudes". In: BABLET, Denis (org.). *V. Garcia, B. Wilson, G. Tovstonogov, M. Ulusoy*. Paris, v. 12, CNRS, 1984. Les Voies de la création théâtrale.

AUBERT, Christiane; BOURBONNAUD, Jean-Luc. "Kaspariana". In: BABLET, Denis (org.). *V. Garcia, B. Wilson, G. Tovstonogov, M. Ulusoy*. Paris: CNRS, 1984. (Les Voies de la création théâtrale, v. 12.)

CONDE, Susana Martinez; MACNICK, Stephen L. Janelas da Mente. *Scientific American*, São Paulo, ano 6, n. 64, 2009.

ERULI, Brunella. Wielopole, Wielopole. In: BABLET, Denis (org.). *T. Kantor 1*. Paris: CNRS, 1983. (Les Voies de la création théâtrale, v. 11.)

JACQUOT, Jean. The Living Theatre. In: BANU, Georges (org.). *Brook*. Paris: CNRS, 1985. (Les Voies de la création théâtrale, v. 13.)

KATZ, Helena. Escuro e Sombra, Mas o Corpo Reluz. *O Estado de S. Paulo*, São Paulo, 26 jun. 2009. Caderno 2.

_____. Atração e Repulsa em Passos Leves. *O Estado de S. Paulo*, São Paulo, 22 jul. 2009.

KELLER, Max. A História da Luz no Teatro. *Espaço Cenográfico News*, São Paulo, n. 22, 2005.

LORANG, Jeanne. Les Aventures du brave soldat Schwejk. In: BABLET, Denis (org.). *Mises en scène années 20 et 30*. Paris: CNRS, 1979. (Les Voies de la création théâtrale, v. 7.)

MOSTAÇO, Edelcio. Aspectos da Iluminação no Teatro: Eixo Rio-São Paulo. *Revista Folhetim, Teatro do Pequeno Gesto*, São Paulo, n. 25, jan-jun., 2007.

MOUNIER, Catherine. Le Monde de Robert Wilson. In: ASLAN, Odette (org.). *Chéreau*. Paris: CNRS, 1986. (Les Voies de la création théâtrale, v. 14.)

_____. Le Théatre du Soleil. In: BABLET, Denis; JACQUOT, Jean (orgs.). *W. Shakespeare, Théâtre du Soleil, J. Arden*. Paris: CNRS, 1977. (Les Voies de la création théâtrale, v. 5.)

NICKOLICH, Barbara E. The Nikolais Dance Theatre's Uses of Light. *The Drama Review Visual Performance Issue*, Baltimore, v. 17, n. 2, 1973.

NIKOLAIS, Alwin. Entrevista. *O Estado de S. Paulo*, São Paulo, 26 abr. 1977.

VYMÉTAL-JACQUEMONT, Christiane. Les Éclairages de Chéreau et la lumière chez Ibsen. In: ASLAN, Odette (org.). *Chéreau*. Paris: CNRS, 1986. (Les Voies de la création théâtrale, v. 14).

Este livro foi impresso na cidade de Cotia,
nas oficinas da Meta Brasil, para a Editora Perspectiva.